Teoria da História

II. Os primeiros paradigmas:
Positivismo e Historicismo

Dados Internacionais de Catalogação na Publicação (CIP)
(Câmara Brasileira do Livro, SP, Brasil)

Barros, José D'Assunção
Teoria da História / José D'Assunção Barros. – 4. ed. –
Petrópolis, RJ : Vozes, 2014.

Conteúdo : II. Os primeiros paradigmas :
Positivismo e Historicismo.
Bibliografia.

6ª reimpressão, 2025.

ISBN 978-85-326-2466-6

1. História – Filosofia 2. História – Teoria
3. Historicismo 4. Positivismo I. Título.

10-12118   CDD-901

Índices para catálogo sistemático:
1. História : Filosofia e teoria   901

JOSÉ D'ASSUNÇÃO BARROS

Teoria da História

II. Os primeiros paradigmas:
Positivismo e Historicismo

Petrópolis

© 2011, Editora Vozes Ltda.
Rua Frei Luís, 100
25689-900 Petrópolis, RJ
www.vozes.com.br
Brasil

Todos os direitos reservados. Nenhuma parte desta obra poderá ser reproduzida ou transmitida por qualquer forma e/ou quaisquer meios (eletrônico ou mecânico, incluindo fotocópia e gravação) ou arquivada em qualquer sistema ou banco de dados sem permissão escrita da editora.

CONSELHO EDITORIAL	PRODUÇÃO EDITORIAL
Diretor	Anna Catharina Miranda
Volney J. Berkenbrock	Eric Parrot
	Jailson Scota
Editores	Marcelo Telles
Aline dos Santos Carneiro	Mirela de Oliveira
Edrian Josué Pasini	Natália França
Marilac Loraine Oleniki	Priscilla A.F. Alves
Welder Lancieri Marchini	Rafael de Oliveira
	Samuel Rezende
Conselheiros	Verônica M. Guedes
Elói Dionísio Piva	
Francisco Morás	
Teobaldo Heidemann	
Thiago Alexandre Hayakawa	
Secretário executivo	
Leonardo A.R.T. dos Santos	

Editoração: Fernando Sergio Olivetti da Rocha
Diagramação: Victor Mauricio Bello
Capa: Omar Santos

ISBN 978-85-326-2466-6

Este livro foi composto e impresso pela Editora Vozes Ltda.

Sumário

Índice dos quadros e figuras, 7
Apresentação, 9
Introdução, 11

I. A emergência da Historiografia Científica, 29
   1 A História antes da História, 29
   2 Uma nova era historiográfica, 42
   3 Dois paradigmas em contraposição: Positivismo e Historicismo, 64

II. Positivismo, 73
   1 As filosofias da História que preparam o Positivismo, 73
   2 Do Iluminismo Revolucionário ao Positivismo Conservador, 86
   3 O Positivismo na sua forma mais pura, 91

III. Historicismo, 107
   1 Historicismo: o acordo entre Realismo e Relativismo, 107
   2 A gradual instalação do Paradigma Historicista, 133

IV. Relativismos, 153

    1 Relativismo: para além da contribuição Historicista, 153

    2 Considerações sobre as dimensões historicistas da subjetividade que afeta o historiador, 160

    3 Objetividade e Subjetividade histórica no século XX: a reedição da oposição entre Positivismo e Historicismo, 168

    4 Relativizando o Relativismo, 187

Referências

Fontes citadas, 201
Bibliografia citada, 225
Índice onomástico, 235
Índice remissivo, 243

Índice dos quadros e figuras

Quadro 1. Algumas questões sobre a História, 26

Figura 1. A História e sua "identidade mínima", desde os antigos, 36

Figura 2. A moderna Matriz *Disciplinar da História*, 57

Quadro 2. Paralelo comparativo entre Positivismo e Historicismo, 69

Apresentação

O presente volume, dando sequência à série Teoria da História, toma para seu objeto a própria constituição da historiografia científica a partir de seus dois primeiros paradigmas no século XIX. Trata-se de esclarecer os paradigmas Positivista e Historicista, não apenas examinando-os do ponto de vista de uma história da historiografia, como também buscando dar a perceber quais podem ser as contribuições desses paradigmas para a historiografia contemporânea.

Para além da discussão em torno dos paradigmas Positivista e Historicista, a questão que atravessa o volume é a da relação entre Objetividade e Subjetividade na construção do conhecimento histórico, de modo que também examinaremos algumas correntes relativistas da historiografia que aprofundam a reflexão sobre a relatividade historiográfica encaminhada por alguns setores do Historicismo.

Antes de chegarmos à discussão dos paradigmas que fundam a própria historiografia científica, contudo, discutiremos a especificidade da refundação da História como conhecimento científico na passagem do século XVIII ao XIX, e para tal será útil desenvolver uma digressão inicial sobre os modos como se pensava a História antes de que a historiografia ocidental passasse a se revestir de uma intenção bastante clara de cientificidade.

Na sequência deste volume teremos oportunidade de discutir o terceiro grande paradigma que surge ainda no século XIX – o Materialismo Histórico – e também as leituras da História como "descontinuidade" que também começam a se esboçar neste mesmo século. Desta maneira, o segundo e o terceiro volumes da série Teoria da História completam-se no sentido de oferecer um quadro das alternativas paradigmáticas entre as quais foi se organizando a História a partir do momento em que postulou para si uma nova forma de cientificidade.

Introdução

A "Teoria da História" tem a sua própria história, e não há muitas divergências entre os historiadores com relação aos seus começos, ou pelo menos em relação à delimitação das décadas que presidem à formação de algo que logo daria origem a uma "dimensão teórica" da História. Desde já será interessante notar que, embora seja milenar a existência da História como prática de pesquisa, gênero literário ou forma de registro de processos e acontecimentos, já a ideia de uma História que se constitui entrelaçada com uma dimensão "teórica" que lhe é própria (e que neste mesmo movimento se autopostula como "científica") é bem mais recente na história do conhecimento ocidental. Por outro lado, se não há quase desacordos com relação ao fato de que algo de novo ocorre efetivamente com o gênero historiográfico entre a segunda metade do século XVIII e as primeiras décadas do XIX, também não deveremos esperar encontrar nestes primórdios da historiografia científica aqueles gloriosos começos com os quais se costumam pintar eloquentemente os grandes acontecimentos e processos da história. Evitemos aquilo que Michel Foucault chamou de "solenidades de origens" (2003: 14).

Como quase tudo na história, a História Científica também teve os seus começos pequenos, por vezes mesquinhos, as suas concessões ao poder, as suas articulações a projetos de dominação, as suas acomodações, ambiguidades, hesitações e recuos[1]. Seja através do Positivismo ou do Historicismo – estas duas faces de uma história científica que já discutiremos – poderemos vislumbrar o curioso paradoxo de que a "revolução historiográfica" do século XIX não deixa de ter em seus inícios alguns aspectos bastante conservadores. Seu mundo contextual será o do assentamento da burguesia pósrevolucionária no poder, após os fracassos do projeto mais radical da Revolução Francesa e da derrocada definitiva da expansão napoleônica, sem mencionar o contexto decisivo da consolidação dos grandes estados nacionais que precisavam agora exercer um controle mais efetivo sobre a sua população, sobre o seu território e sua imagem.

O ambiente político e social que oferecerá uma confortável base de assentamento para o novo tipo de historiografia

---

1. Podemos lembrar aqui as palavras de Michel Foucault, nas suas conferências reunidas sob o título *A verdade e as formas jurídicas* (1973), quando ele retoma algumas considerações de Friedrich Nietzsche sobre a origem do conhecimento e de outras formas de expressão tipicamente humanas: "Foi por obscuras relações de poder que a poesia foi inventada. Foi igualmente por puras obscuras relações de poder que a religião foi inventada. Vilania, portanto, de todos estes começos quando são opostos à solenidade da origem tal como é vista pelos filósofos. O historiador não deve temer as mesquinharias, pois foi de mesquinharia em mesquinharia, de pequena em pequena coisa, que finalmente as grandes coisas se formaram. À solenidade de origem, é necessário opor, em bom método histórico, a pequenez meticulosa e inconfessável dessas fabricações, dessas invenções" (FOUCAULT, 2003: 16).

é aquele gerado pelo compromisso entre a burguesia industrial, as monarquias constitucionais e a aristocracia que conseguiu se adaptar à nova sociedade industrial, de modo a conservar ao menos alguns privilégios. Além disso, de agora em diante, já não será mais possível, à nova coligação de poderes políticos, ignorar os setores populares, ao menos como uma força social que precisa ser adequadamente manipulada e conduzida. Os sistemas disciplinares e as tecnologias de controle precisarão ser cada vez mais aperfeiçoados, de modo a atingir maior eficácia com mais sutileza. Mais do que nunca, o Poder precisa se assenhorear do Discurso. É neste grande contexto que a nova historiografia encontrará seu especial momento de fecundidade, e as possibilidades de estender sua permanência para o futuro.

É claro que, ao lado destes começos pequenos e por vezes mesquinhos, a nova História Científica também surge em um momento histórico no qual começam a aflorar pequenas centelhas de esperanças partilhadas pelos mais diversos grupos sociais que haviam conseguido se fazer ouvir nos movimentos revolucionários iniciados na França e nos Estados Unidos da América, e que depois se expandem para o resto da Europa e para a América Latina. Vive-se também, neste momento, uma nova fase de confiança no progresso da humanidade, tão bem expresso pelas novas descobertas científicas. A História Científica, se de um lado liga-se à realidade política através de liames por vezes conservadores, é por outro lado um produto da segunda modernidade europeia.

Ao lado e por dentro deste grande contexto, as bases científicas desta "nova história" podem ser compreendidas, metaforicamente falando, como uma centelha que se produz do "confronto entre duas espadas"[2]: o projeto universalizante que o Positivismo herda do Iluminismo, e o projeto particularizante que o Historicismo recebe, ainda que de maneira vaga e imprecisa, dos primeiros clarões do Romantismo setecentista. A primeira proposta de uma historiografia científica se produz no acordo e no desacordo entre estes dois sistemas ou propostas de enxergar o mundo, cada qual resistente à outra, mas nem por isto incapazes de interagir para a formação de um ambiente do qual se beneficiariam os historiadores de novo tipo. E, de fato, se o clássico período do Iluminismo revolucionário e dos primeiros alvores do Romantismo não produziu um "homem novo", como teriam desejado muitos revolucionários e filósofos das últimas décadas do século XVIII, ao menos produziu um "historiador novo".

Há também, e já vimos isto em capítulo precedente (vol. 1, cap. II), outro embate bem presente na formação desta centelha que dá início à invenção da historiografia científica. Referimo-nos ao confronto entre estas duas espadas de metais distintos que são empunhadas pelos "filósofos da história" e pelos "historiadores profissionais" – estes últimos aparecendo como herdeiros, na sua metodologia de tratamento documental, dos antigos filólogos e teólogos, mas já remodelando neste mesmo embate o seu perfil de futuros

---

2. Esta bela imagem, também a tomamos emprestada de Michel Foucault, que já a havia tomado antes da *Genealogia da moral* de Friedrich Nietzsche: "ele [o conhecimento] é como 'uma centelha entre duas espadas', mas que não é do mesmo ferro que as duas espadas" (FOUCAULT, 2003: 17).

"teóricos da história". O "historiador novo" – este historiador de novo tipo que doravante responderá pela dita "historiografia científica" – formou-se, ele mesmo, de muitos elementos esparsos, que antes não tinham compromisso uns com os outros. Dos filólogos, retirou a sua paciente e meticulosa crítica documental; dos teólogos, retirou o seu tempo linear, a seta renitente que aponta para o futuro; dos juristas retirou a sua obsessiva preocupação com a verdade, ou pelo menos a preocupação em trazer uma intensidade ainda maior à sua tradicional "intenção de verdade"; dos "filósofos da história" extraiu o seu desejo de refletir em profundidade sobre as coisas, e também a sua erudição. Mas o historiador de novo tipo também acrescentou a tudo isto a sua compulsão de ser um especialista: não falar sobre tudo, como era tão comum entre os eruditos do século XVIII. Especializar-se, sim, na História. Abarcar tudo ou quase tudo o que se refere ao mundo humano, mas sempre sob a perspectiva do tempo, e necessariamente a partir das evidências que pudesse extrair rigorosamente da documentação e de outros tipos de fontes. Este seria o historiador moderno, nosso novo tipo de homem que se reinventa a partir de um novo tipo de historiografia.

Por fim, para bem compreender o gênesis desta complexa centelha que corresponde à formação da historiografia moderna, e que breve iria incendiar o século XIX com a abrasiva ideia de que este era "o século da História", não podemos esquecer o entrechoque ressonante de duas outras espadas: a necessidade científica de trazer uma "objetividade" para a história, e o incontornável reconhecimento da "subjetividade" humana. Ou, se formos recolocar a questão nos termos que em certa ocasião foram propostos por Reinhart Koselleck (1979), por trás de tudo isto que constitui a formação da historiografia científica afirma-se, altissonante, este fato simultaneamente enriquecedor e limitador de que, "ao mesmo tempo em que o historiador é conclamado a produzir 'enunciados verdadeiros', ele também deverá se defrontar com a consciência de que suas proposições serão sempre relativas a um determinado ponto de vista" (KOSELLECK, 2006: 161). Por trás da historiografia científica que começa a se formar por volta de inícios do século XIX, enfim, pode-se facilmente vislumbrar a eterna contradança da Objetividade e da Subjetividade[3].

A moderna historiografia científica nasce, portanto, deste entremeado bastante complexo, tecido e entretecido a partir de pequenas e grandes coisas: das esperanças e utopias iluministas às decepções e pessimismos românticos, das técnicas de crítica documental desenvolvidas pelos filólogos da Igreja com vistas a desmascarar uns aos outros ao emblemático tempo retilíneo do cristianismo, por vezes já secularizado pela filosofia neoclássica; do desejo de encontrar a unidade da natureza humana ao encantamento diante da extrema diversidade de todos os homens. Da equilibrada contradança realizada pela Objetividade e pela

---

3. No texto final de *As palavras e as coisas* (1966), Michel Foucault assim se expressa sobre esta característica da História: "[...] o conhecimento positivo do homem é limitado pela positividade histórica do sujeito que conhece, de sorte que o momento da finitude é dissolvido no jogo de uma relatividade à qual não é possível escapar e que vale, ela mesma, como um absoluto [...] Todo conhecimento se enraíza numa vida, numa sociedade, numa linguagem que têm uma história; e, nesta história mesma, ele encontra o elemento que lhe permite comunicar-se com outras formas de vida, outros tipos de sociedade, outras significações" (FOUCAULT, 1999: 516).

Subjetividade aos momentos em que um destes dois dançarinos assume a posição "a cavalheiro" para conduzir o outro, por vezes para *anular* o outro. Dos mútuos acertos e tropeços entre estes dois dançarinos, de todas estas coisas e de muitas outras – e até dos sutis atritos entre o instinto do "não morrer" e a "vontade de poder" transposta para a dimensão coletiva dos Estados-nação –, do confronto, enfim, "entre estas muitas espadas", surgirá a História científica do século XIX[4].

Seria preciso reconhecer ainda, é claro, que a nova historiografia não é construída apenas a partir de rupturas e de elementos dispersos capturados de outras práticas. Como a História já tinha uma milenar história, ao menos sob a forma de um relato que se estabelece sobre sociedades ou acontecimentos relativos a um tempo anterior, é claro que existiram também as permanências. Os novos historiadores também leram "histórias", ou aqueles gêneros literários que podem ser assimilados a algo como uma historiografia dos séculos anteriores. Se os novos historiadores "científicos" terão de se confrontar, no século XIX, contra os três tipos de velhos historiadores herdados dos séculos anteriores (o "filósofo historiador" à maneira de Hegel, o "historiador literato" à maneira de Mably, e o "historiador colecionador de fatos", ou mesmo

---

4. Hannah Arendt, em seu ensaio "Sobre o conceito de História" (1957), acrescenta um comentário que se relaciona à influência, para a formação da nova historiografia, da angústia da mortalidade: "Nossa concepção de História [...] deve sua existência ao período de transição em que a confiança religiosa na vida imortal perdera sua influência sobre o secular e em que a nova indiferença face à questão da imortalidade ainda não nascera" (ARENDT, 2009: 109).

um mero "arrolador de fontes", à maneira de Mabillon)[5], o quanto não terá também aprendido com estes velhos tipos que estava destinado a superar?[6] De igual maneira, os novos historiadores, além de terem lido "histórias", também leram "estórias". Ranke fora um assíduo leitor do escritor de romances históricos Walter Scott (Droysen, mais tarde, irá fustigar sua imagem "científica" por isso). Desta maneira, estes primeiros historiadores cientistas – portadores de habilidades novas e de técnicas inéditas – também leram "histórias" e "estórias", e aprenderam algo de algumas delas[7].

---

5. O colecionismo erudito de fontes remonta já à primeira modernidade, no século XVI e sobretudo no XVII. Mas segue pelo século seguinte, e no XIX chegará a se desenvolver sob a forma de um verdadeiro "fetiche do documento". O historiador Theodor Mommsen (1817-1903), especializado na Roma Antiga, e que por ter escrito em meados do século XIX uma brilhante *História de Roma* (1854-1856) seria agraciado mais tarde com o Prêmio Nobel de Literatura em 1902, a certa altura de sua trajetória intelectual resignou-se a ser quase apenas um editor de documentos antigos.

6. Remarquemos esta interessante e esclarecedora passagem de Arno Wehling em um artigo de 1973 sobre Ranke: "A História, à época da Restauração, quando Ranke iniciou sua obra de mais de sessenta anos (1824-1886), não tinha uma definição precisa: oscilava entre o *pensamento filosófico* (o passado comprovando o postulado e a funcionalidade do processo, como em Vico, Herder ou Hegel), o *exercício literário* (como ensinavam os manuais da história, do tipo de Mably) e o levantamento indiscriminado das fontes (como o fizeram os eruditos do Renascimento e do Barroco, de Lourenço Valla a Mabillon e Muratori). Esta produção intelectual voltada para o passado continuaria dispersa, entretanto, pela filosofia, literatura e erudição pura, não fosse o fenômeno externo global mais significativo da História do pensamento europeu no século XIX, o Historicismo" (WEHLING, 1973: 178-179).

7. J.W. Thompson, em sua *História da escrita da História* (1967: 170), transcreve esta pequena passagem, na qual Ranke, depois de reconhecer sua dívida de estilo em relação à leitura de Walter Scott, termina por acrescentar o novo ponto de vista do historiador científico: "entre outras coisas discordei de seu tratamento em relação a Carlos o Temerário e Luís XI, no *Quentin Durward*, em completa contradição com as fontes históricas [...] Afastei-me dele, e concebi a ideia de desfazer-me em meus trabalhos de toda fabricação e ficção, para ater-me estritamente aos fatos". Sobre esta passagem, cf. Wehling, 1973, p. 179.

A nova historiografia, enfim, refundou-se a partir de rupturas e permanências, e também sobre a convergência de todas aquelas pequenas coisas que, deslocadas para uma nova prática e postas a interagir reciprocamente, resultariam efetivamente em algo novo. Neste sentido, a moderna historiografia científica que se instala no século XIX pode ser tomada como um dos muitos exemplos de como um sistema complexo pode começar a se formar a partir de permanências e descontinuidades, de um acúmulo de potencialidades anteriores à inédita sensibilização de elementos esparsos e desconectados, das releituras do que já existia antes aos pequenos prenúncios que começaram a se anunciar à maneira de pequenos clarões até que, sem que ninguém saiba exatamente como aconteceu, já se havia instalado um novo tipo de luminosidade que iria ajudar a definir as cores predominantes de toda uma nova época[8].

Se a história científica do século XIX veio a se formar simultaneamente de permanências e descontinuidades, da mesma forma, ela também poderá ser relacionada com os novos períodos subsequentes da história da historiografia

---

8. A percepção deste jogo entre o contínuo e o descontínuo, entre as permanências e rupturas, torna-se particularmente importante para a elaboração da história complexa de um campo disciplinar. Relembraremos as palavras de Michel Foucault, em *Arqueologia do saber* (1969), ao chamar a atenção para um segundo campo de análises que acompanha o olhar de longo termo: "Sob as grandes continuidades de pensamento, sob as manifestações maciças e homogêneas de um espírito e de uma mentalidade coletiva, sob o devir obstinado de uma ciência que luta apaixonadamente por existir e por se aperfeiçoar desde seu começo, sob a persistência de um gênero, de uma forma, de uma disciplina, de uma atividade teórica, procura-se agora detectar a incidência de interrupções, cuja posição e natureza são, aliás, bastante diversas" (FOUCAULT, 1995: 4).

em termos de permanências e descontinuidades. Assim, a partir das primeiras décadas do século XX, novas e significativas mudanças – e novos tipos de iluminação, por assim dizer – irão se incorporar à matriz disciplinar da História, e também a teoria se sofisticará. Cada vez mais a História se autoperceberá como "ciência em construção", conforme alerta Marc Bloch (1941) no mais emblemático depoimento sobre "o *métier* do historiador" que já foi escrito no Ocidente historiográfico. O "questionário da história" se amplia permanentemente, dirá Paul Veyne (1971). Acentua-se, a partir de certos setores da historiografia ocidental, a exigência de que a História seja problematizada, e a tal ponto esta exigência será trazida a primeiro plano, que frequentemente será esculpida a imagem de uma "história-problema" do século XX por oposição a uma "história factual" do século XIX, na esteira das viscerais críticas de Lucien Febvre contra o que ele mesmo chamaria de "uma história historizante" (1953).

Diante das novidades que serão trazidas pela historiografia do século XX (este século que representa uma etapa mais avançada da segunda modernidade ocidental), a nova historiografia científica do século XIX rapidamente parece se converter em "velha história". E isto se dá porque uma história ainda mais nova – interdisciplinar, multidiversificada, aberta ao exame das múltiplas temporalidades, audaciosa exploradora de novas fontes, instituidora de novos métodos, e criadora de novos objetos de pesquisa – anunciará que os velhos ídolos precisam ser derrubados. Esta nova historiografia se quer apresentar como ágil e nova, perfeitamente adaptada aos novos ventos da Modernidade, e, para tal, é preciso que o momento anterior seja enfaticamente desenhado como o moroso mundo da "velha historiografia". Pierre Chaunu, um típico "historiador novo" ligado ao célebre movimento dos *Annales*, radicalizará nos anos setenta de seu século esta mesma leitura de descontinuidade entre as duas histórias: e chegará a dizer que a verdadeira "história científica" só surgirá mesmo no século XX, consistindo toda a historiografia anterior em não mais do que uma espécie de pré-História que apenas teria o "valor de documento" (CHAUNU, 1974: 101).

Essa imagem radicalmente contrastante entre as duas histórias – uma nova "história-problema" e uma velha "história factual" – não é, contudo, inteiramente verdadeira, principalmente se considerarmos que desde estes tempos oitocentistas, dos quais agora iremos tratar, uma "Teoria da História" já começa a se afirmar sistematicamente a partir de seus três principais paradigmas: o Positivismo, o Historicismo, o Materialismo Histórico. E se a historiografia do século XX, com inédita liberdade e audácia teórica, estenderá seus múltiplos olhares para os diversos níveis de historicidade que, no século anterior, "o emaranhado das narrativas tradicionais recobrira com toda uma densa camada de acontecimentos", para evocar aqui uma imagem utilizada por Michel Foucault logo na abertura de sua *Arqueologia do saber* (1995: 3), pode-se em contrapartida dizer que mesmo o clima para esta revolução historiográfica que se abre para a percepção das múltiplas temporalidades teve de ser preparado pela igualmente radical percepção oitocentista de que "tudo é histórico"[9].

O "breve século XX"[10] – berço de uma nova história – também deve muito ao longo século XIX, ainda que este último

---

9. Foucault escreve a *Arqueologia do saber* em 1969, em pleno auge do modelo de "longa duração" proporcionado pela contribuição de Fernando Braudel (1949; 1966), e do modelo de "história serial" iniciado por Ernst Labrousse (1943). Ao chamar a atenção para a expansão historiográfica que teria ocorrido com a nova historiografia do século XX, no que se refere aos modos de enxergar a temporalidade e à multiplicação dos níveis de análise, o filósofo francês registra as seguintes palavras: "Da mobilidade política às lentidões próprias da 'civilização material', os níveis de análise se multiplicaram: cada um tem suas rupturas específicas, cada um permite um corte que só a ele pertence; e, à medida que se desce para bases mais profundas, as escansões se tornam cada vez maiores. Por trás da história desordenada dos governos, das guerras e da fome, desenham-se histórias, quase imóveis ao olhar – história com um suave declive: história dos caminhos marítimos, história do trigo ou das minas de ouro, história da seca e da irrigação, história da rotação das culturas, história do equilíbrio obtido pela espécie humana entre a fome e a proliferação" (FOUCAULT, 1995: 3). Os anos 1970 e 1980 do século XX trariam mais novidades, e alguns "retornos": a Micro-História, a multiplicação de abordagens ao nível da História Cultural, a Nova História Política, a revalorização da Narrativa, o ceticismo de alguns setores do Pós-modernismo historiográfico. De todo modo, se há inovações na nova historiografia, esta também pode ser compreendida como uma expansão das potencialidades introduzidas no século XIX.

10. A expressão "breve século XX" é utilizada pelo historiador inglês Eric Hobsbawm como subtítulo para a sua obra *A era dos extremos* (2006). Para Hobsbawm, o "breve século XX" acomoda-se entre 1914 e 1991, dividindo-se em duas metades: um turbulento e traumático período que vai da Primeira Guerra Mundial à Segunda Grande Guerra, passando pela Revolução Russa em 1917 e pela "quebra da bolsa de valores" em 1929, e um segundo período marcado essencialmente pela nova ordem mundial regida pela geopolítica bipolarizada entre Estados Unidos e União Soviética – uma época eivada por disputas ideológicas e assombrada pela corrida armamentista sobre a qual passa a se estender a tenebrosa sombra da ameaça das bombas atômicas. Este mesmo período, crivado por impressionantes novidades tecnológicas, corresponde sintomaticamente ao grande contexto desta "nova história" que pretende demarcar sua distância em relação aos historiadores do século XIX. A queda do Muro de Berlim, em 1989, e o fim da União Soviética (1991), encerram o período, ocorrendo por coincidência, nesta mesma época, uma crise na historiografia ocidental que abrirá espaço para a intensificação de novas propostas historiográficas que já vinham se anunciando mais discretamente desde os anos 1970, entre as quais os diversos setores ligados ao Pós-modernismo historiográfico. Vale lembrar que a expressão "breve século XX", proposta por Hobsbawm, faz-se por contraste com o livro publicado pelo economista italiano Giovanni Arrighi em 1994, com o título *O longo século XX* (1996).

seja caricaturalmente confrontado pelos novos historiadores do mundo contemporâneo. De igual maneira, a extraordinária expansão no universo dos diversos tipos possíveis de fontes históricas, uma "revolução documental" iniciada a partir das primeiras décadas do século XX, com frequência ofusca o fato igualmente relevante de que, desde inícios do século XIX, registra-se efetivamente um significativo salto na metodologia de tratamento da documentação com a nova "crítica documental" encaminhada pelos historicistas alemães, esta mesma que, ao lado da multiplicação de arquivos públicos, e somada à conquista do *status* universitário pela História e à consolidação de uma comunidade de historiadores, fez com que o século XIX fosse considerado por muitos como "o século da História"[11]. É a este momento que nos dedicaremos neste volume, para que depois, no vol. 3, possamos compreender com maior justeza as novidades efetivas do século XX.

Com toda a clareza possível, veremos no presente capítulo que, por esta época oitocentista em que se gesta ou se inventa uma História científica, a complexa realidade formada por todas as pequenas coisas, às quais atrás nos referimos, termina por assumir a aparência organizada de uma série de movimentos perfeitamente encadeados que começam a mudar radicalmente a face do mundo dos historiadores. Entre estes, sem ordem hierárquica, já que todos estes lances estão interligados como parte indissociável de um mesmo

---

11. O historiador francês Augustin Thierry (1795-1856) iria registrar as seguintes palavras: "A História dá o tom do século [XIX], assim como a Filosofia havia feito com o século XVIII" (THIERRY, 1820). Sobre isto cf. Gauchet, 1986, p. 247-316.

jogo, mencionaremos (1) a pretensão de cientificidade para o conhecimento histórico, (2) a emergência da figura do "historiador profissional", (3) os primeiros passos na formação de uma "comunidade [científica] de historiadores", (4) a entrada da História no rol das disciplinas universitárias, (5) a edificação de um método e de um sistema de regras específicas para a produção do saber historiográfico (ou de uma "matriz disciplinar"), e, particularmente, (6) a emergência daqueles que poderemos considerar os primeiros "paradigmas historiográficos"[12]. Estes paradigmas, por vezes encaminhados através de "escolas históricas" específicas, constituem de fato a ponta mais evidente do imenso *iceberg* teórico que começa a se consolidar no oceano historiográfico do século XIX. São estes paradigmas – o *Positivismo* e o *Historicismo* – e, mais adiante, um terceiro paradigma que é o do *Materialismo Histórico*, que começam a trazer uma irresistível solidez teórica ao trabalho dos historiadores profissionais. A sua compreensão, neste sentido, mostra-se fundamental para um adequado entendimento sobre o que é a Teoria da História.

O objetivo deste vol. 2, contudo, não será apenas o de abordar o estudo do Positivismo e do Historicismo, de resto bastante importante em vista de termos aqui dois dos paradigmas fundamentais que se fortalecem a partir da historiografia do século XIX. Aproveitaremos o tema para examinar, antes de tudo, alguns aspectos diretamente relacionados à

---

12. Cf. definição de paradigma no vol. 1 desta série. Quanto aos demais aspectos antes mencionados, também correspondem àqueles que já havíamos registrado no "Quadro 4" da parte precedente, com vistas a discutir as condições para a emergência de uma teoria da história no século XIX.

constituição de uma determinada "Matriz Disciplinar" da História no período contemporâneo, refletindo sobre aquela sempre irrecusável indagação: "O que é História?" Em segundo lugar, teremos também a oportunidade de examinar a já mencionada relação entre Objetividade e Subjetividade na teoria e na prática historiográficas, além de percorrer, por fim, uma série de outras questões que dizem respeito à tarefa do historiador (reconstituir o passado?, reconstruí-lo?, encontrar leis gerais para a história?, descrever singularidades?), bem como as questões que se referem à posição do historiador frente ao conhecimento que ele mesmo produz (de neutralidade?, de envolvimento?).

O confronto entre Positivismo e Historicismo, nosso caminho para motivar todas estas reflexões, também trará à baila a já mencionada questão da cientificidade da História, um aspecto que se torna particularmente importante a partir da historiografia que se consolida no século XIX. Se a História é uma ciência, que tipo de Ciência seria? Uma ciência análoga às Ciências Naturais e Exatas? Ou uma ciência dotada de especificidades próprias, que não pode ser comparada às Ciências da Natureza? Ademais, qual o objetivo essencial da História: dar a compreender a diversidade humana, ou empreender uma busca do que há de unidade irredutível na humanidade?

Reproduziremos aqui, mais uma vez, o "Quadro 1", que já havia sido apresentado ao final do último capítulo do vol. 1. Este quadro sugere algumas das questões fundamentais que podem ser iluminadas quando confrontamos estes dois paradigmas fundamentais que são o Historicismo e o Positivismo. As questões propostas não apresentam, obviamente,

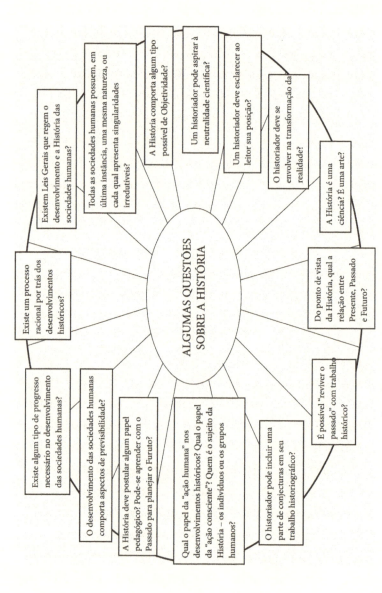

Quadro 1. Algumas questões sobre a História

uma resposta certa e única para cada caso. Ficará também claro, por outro lado, que o historiador não tem necessariamente que fazer uma opção por um ou outro destes paradigmas, ou por qualquer outro, e nem tampouco responder da mesma forma a todas as perguntas, constituindo estes e outros dos paradigmas historiográficos que serão estudados apenas referências importantes na História da Historiografia. Posicionamentos variados dos historiadores contemporâneos frente às questões acima relacionadas são hoje possíveis sem a necessidade de adesão a um modelo único de historiografia. Mais adiante (cap. I do vol. 3), veremos que também o Materialismo Histórico, o terceiro paradigma importante que começa a se constituir ainda em meados do século XIX, também oferecerá novas respostas às mesmas perguntas.

De qualquer maneira, o principal valor do estudo da história da Historiografia, aqui iniciado com o exame mais direto dos paradigmas Historicista e Positivista, é que este tipo de estudo pode nos levar a refletir sobre questões que continuam ainda importantes em nossa época, e que seguem constituindo parte necessária da formação do historiador contemporâneo. Comecemos, então, por tentar compreender "o que é a História", de modo a dar a perceber que mesmo esta questão, e sobretudo ela, é também histórica, suscitando respostas diversas no decorrer da história da Historiografia. Isto permitirá que também recorramos, para efeito de contraste e de esclarecimento comparativo, a épocas anteriores a esta historiografia que, no Ocidente, passa a se postular como científica a partir dos grandes paradigmas historiográficos do século XIX. Estender o olhar para momentos anteriores à emergência da historiografia científica será especialmente útil com vistas à percepção das permanências e à identificação das rupturas e descontinuidades.

I | A emergência da Historiografia Científica

1 A História antes da História

Costuma-se dizer que Heródoto é o "pai da História", e esta é uma das mais poderosas frases de efeito que costumam ser evocadas como epígrafes nos manuais historiográficos[13]. A ideia de que a história tem "um pai", seja este o antigo historiador grego Heródoto (484-420 a.C.) ou qualquer outro, extrai sua força do fato de que nos obriga a formular um pensamento que é ainda mais importante para a formação dos historiadores nos dias de hoje: a ideia de que "a História tem uma história". É, aliás, igualmente instigante lidar com este contraste entre a "História",

---

13. Heródoto nasceu em 484 a.C. em Halicarnassos, na Caria, uma localidade que não ficava muito distante de Miletos (na época o mais destacado centro da cultura helênica). A Caria, uma região que hoje se localiza nos limites territoriais da Turquia, era na época uma das províncias do Império Persa. Contudo, por problemas políticos, Heródoto teve de se retirar para Samos; posteriormente, após um breve retorno à sua localidade natal, iremos encontrá-lo em Atenas. De todo modo, teve a oportunidade de viajar por inúmeros lugares, desde as cidades do Peloponeso e as da Ásia Menor que eram colonizadas pelos gregos, até a Babilônia, Assíria, Pérsia, Egito, regiões da África, e também regiões ao norte, em torno do Rio Negro. No decurso destas viagens recolheu os materiais a partir dos quais produziu a sua *História*, um relato que leu publicamente na Atenas de Péricles, Sófocles e Eurípedes, o que lhe valeu um prêmio de dez mil talentos.

enquanto campo de conhecimento ou disciplina universitária (ou mesmo enquanto "discurso" que se estabelece sobre os processos históricos), e a "história", enquanto devir que a tudo arrasta em seu interminável jogo de processos e acontecimentos.

A História, já se disse algures, é a única disciplina ou campo de saber que traz como sua própria designação um nome que coincide diretamente com o seu objeto de estudo. História (historiografia) é, de um lado, o discurso e o tipo de conhecimento que um historiador elabora; mas é também o nome do seu próprio objeto de estudo: o campo processual dos acontecimentos. Assim, enquanto a Geografia estuda a Terra, e a Física estuda os diversos fenômenos físicos, e a Crítica Literária estuda a Literatura, a História dedica-se a estudar a própria história. Não raro esta coincidência entre o nome de uma disciplina e a designação de seu próprio objeto de estudos produz ambiguidades, razão pela qual frequentemente a História – enquanto campo de conhecimento ou prática disciplinar – costuma ser referida também como "Historiografia". De outra parte, esta é certamente uma das mais fascinantes ambiguidades da história do conhecimento científico. Para parodiar um verso da bela canção *Terra*, de Caetano Veloso, podemos dizer que a História é a única disciplina que carrega, através de sua viagem errante pelo vasto universo do conhecimento, "o nome de sua própria carne"[14].

---

14. Como explicita Caetano Veloso em uma de suas mais belas canções – *Terra* – o nosso planeta é o único que traz no seu nome a designação de sua própria carne: "De onde nem tempo, nem espaço / Que a força mãe dê coragem / Pra gente te dar carinho / Durante toda a viagem / Que realizas do nada / Através do qual carregas / O nome da tua carne..." (*Terra*, 1983). Por outro lado, se fosse para trazer em seu nome a designação de seu próprio sangue, bem que o nosso planeta azul também poderia se chamar *Água*, como propõe a igualmente bela música de Guilherme Arantes, *Planeta Água*.

Retornando à emblemática frase de que "Heródoto é o pai da História"[15], pode-se dizer que na verdade a História – enquanto discurso que se organiza sobre acontecimentos – já existia muito antes de Heródoto, e que, de acordo com o historiador François Hartog, remonta à monarquia de Akkad (2270-2083 a.C.), na Mesopotâmia. Já naqueles ainda mais remotos tempos, uma vez que motivados pelo interesse de unificar o país sob uma autoridade única, os monarcas akkadianos já haviam começado a utilizar os seus escribas para escrever a sua própria história (HARTOG, 2003: 13). Mas se Heródoto não pode ser rigorosamente considerado o "pai da História", pois não foi o primeiro a deixar registrado algum tipo de discurso que pode ser definido como um gênero historiográfico, por outro lado pode-se dizer que Heródoto foi certamente o "pai dos historiadores". Ainda acompanhando as reflexões de François Hartog, é com Heródoto que surge, pela primeira vez, a figura do "historiador" – não um escriba historiográfico e anônimo instituído diretamente pelo poder político, mas um indivíduo – uma "figura subjetiva" dotada de autonomia e poder de escolha – que elege para si um campo de discurso e reflexão sobre a história.

Mesmo que em diversos momentos da história da historiografia o historiador tenha se ligado mais ou menos diretamente aos poderes políticos e aos grandes governos temporais ou eclesiásticos, e isto ocorreria muitas e muitas vezes na história do mundo desde as antigas eras e até os

---

15. O primeiro autor a se referir a Heródoto como *pater historiae* foi Marco Túlio Cícero (*De Legibus* I, 5).

tempos contemporâneos, a figura de historiador instituída por Heródoto não é mais a de um funcionário criado diretamente pelo aparelho governamental. Pode o historiador se associar ao poder político, representá-lo, defender ardentemente este ou aquele governo instituído, tornar-se funcionário público no exercício de sua função – mas a questão é que, com Heródoto, a figura do historiador se institui a partir de uma prática escolhida pelo indivíduo pensante, de maneira similar ao que já ocorria com o filósofo ou com o poeta lírico na Grécia Antiga[16].

Seja a História uma Filosofia que desce à Terra e se volta para o vivido, ou seja ela uma Poesia que se deixa aprisionar

---

16. Existem interessantes polêmicas sobre se a origem da História teria se dado a partir de um desdobramento da Filosofia ou de um desdobramento da Poesia. Charles Norris Cochrane (1889-1945), por exemplo, em seu ensaio *Cristandade e cultura clássica* (1944, cap. 12), irá conceber a História proposta por Heródoto como um desdobramento do desenvolvimento da filosofia grega (ele acredita ser possível propor a hipótese de que Heródoto havia sido discípulo de Heráclito; e, de certa maneira, não seria mesmo possível encontrar tutor filosófico mais apropriado para esta ciência do devir humano). Por outro lado, a Mitologia autoriza a encetar uma aproximação entre a História e a Poesia. Ambas – *Clio* e *Erato* – eram musas, e filhas de *Mnemosine* (a "Memória"). É também na mesma categoria que Aristóteles dispõe a tarefa do historiador e a do poeta, pois ambos teriam seus olhos e sensibilidades voltados para a *Práxis* – isto é, para as "ações humanas" – e cada um a seu modo teria por responsabilidade fazer perdurarem estas ações. Sem o historiador e o poeta, capazes de assegurar a recordação dos grandes feitos e a presentificação das belas ações através da invenção poética, tudo aquilo que se refere ao mundo da *Práxis* deixaria de existir no instante imediato à realização das ações, sem deixar quaisquer vestígios. Desta maneira, tanto a História como a Poesia teriam por referência este mundo das ações humanas, ao contrário da Filosofia, que se volta para o mundo da *Theoria* (contemplação das coisas que pairam acima do homem). Hannah Arendt, aliás, desenvolve uma brilhante digressão: antes mesmo de Heródoto, a História aparece como uma realidade imaginada no interior da poesia grega. "Poeticamente, seu início encontra-se no momento em que Ulisses, na corte do rei dos Feácios, escutou a estória dos seus próprios feitos e sofrimentos, a estória de sua vida, agora algo de fora dele próprio, um "objeto" para todos verem e ouvirem. O que fora pura ocorrência torna-se agora 'História'" (ARENDT, 2009: 74).

pela necessidade e pelo compromisso de relatar rigorosamente o "já acontecido", podemos extrair importantes implicações do fato de que a História, entre os gregos, deixa de ser uma imposição ou uma tarefa que vinha sendo atribuída de fora, por vezes posta a cargo de escribas subalternos e de talentosos escravos, para a partir daí passar a ser uma escolha exercida criativamente por um homem livre. O que o praticante da História fará desta sua escolha – a de se tornar um historiador e de construir um discurso historiográfico – é já uma outra coisa. Mas o fato é que, ainda que um historiador possa ter decidido dar um sentido eminentemente político ao seu discurso, e ainda que decida servir à Política, desde Heródoto o seu trabalho já não é instituído primordialmente pelos poderes públicos no âmbito mais íntimo de suas práticas. Ser historiador constitui uma decisão pessoal, e implica no ato de se entregar a uma prática que se estabelece a partir de um sujeito, tal como ocorre com a decisão de alguém se tornar filósofo, poeta ou músico. Desde Heródoto, e parodiando um famoso dito de Jean-Paul Sartre (1978: 9), "o historiador está condenado a ser livre".

Posto isto, a menção a Heródoto pode ainda nos ajudar a adentrar outro conjunto de reflexões, já relacionadas às tentativas de identificar aquilo que a História teria de mais singular, ou, por assim dizer, a sua "identidade mínima" (identidade esta que, em última instância, estará sempre igualmente sujeita a transformações no decurso da própria história). Para tal, será oportuno lembrar que, na época dos antigos gregos – muito antes de se relacionar a uma investigação específica sobre o passado vivido, ou de trazer para a centralidade de suas operações a noção de temporalidade –, a História esteve simultaneamente associada às noções de (1) "investigação", (2) "relato" e (3) "testemunho ocular". Essa tríade de sentidos, intimamente imbricados no termo grego *istorie*, antecipa surpreendentemente a complexidade futura da palavra História, uma vez que desde então a nova prática parecia querer se referir simultaneamente a um tipo de *pesquisa*, a um modo de *escrita*, e às *fontes* deste tipo de conhecimento. A "pesquisa", para Heródoto, deveria se dar em forma de um "inquérito" com "intenção de verdade"; a "escrita" assumiria o gênero narrativo, e as "fontes", para os historiadores gregos, ainda deveriam ser preferencialmente oriundas de testemunhas oculares dos próprios acontecimentos[17].

Sigamos em frente na busca da "identidade mínima" da História desde os tempos antigos. O objeto da História, como já dissemos, é o mundo humano, o que para a antiguidade grega já foi de si uma novidade, uma vez que neste

---

17. A raiz da palavra "História", na língua grega, é *weid-*, ou *wid-*, raiz que, sintomaticamente, também se encontra no verbo latino *videre* (ver). O imbricamento de "ver", "investigar" e "narrar" é surpreendentemente significativo na formação desta nova palavra. Hannah Arendt (2009: 69) chama atenção para o fato de que *istor* significava originalmente "testemunha ocular", "e posteriormente aquele que examina testemunhas e obtém a verdade através da indagação". Por fim, o gesto de expor o resultado da investigação através do relato termina por compor a tríade de sentidos, de modo que, na *História* escrita por Heródoto em torno de 450 a.C., podemos surpreender pelo menos dois destes dois sentidos da palavra – "pesquisa" e "relato" – com especial clareza. De fato, no Prefácio desta obra, "história" se refere a uma "pesquisa" conduzida sistematicamente e com o uso da razão; ao mesmo tempo, em diversas passagens do livro, aparece o sentido de "relatório", "relato", "narrativa"; em uma palavra: de "exposição dos resultados de uma pesquisa realizada". Cf., p. ex., o livro VII, item 96 (1988: 365).

ponto a História começou a se destacar muito claramente da Filosofia – esta nobre prática intelectual que tinha por objeto o mundo supralunar, muito acima da transitoriedade humana e das singularidades do vivido – da mesma forma que aquela mesma História também começou a se destacar muito visceralmente da Mitologia, que se referia apenas aos deuses e àquilo que estava além ou acima do homem[18].

A História, portanto, já desde a Antiguidade Clássica, coloca-se como uma investigação sobre a realidade humana, ou ao menos sobre a realidade das *ações* humanas. Os vários aspectos até aqui arrolados, e acompanhados do já referido elemento que funda o conhecimento historiográfico como um discurso que parte da figura subjetiva do "historiador" – neste caso uma figura "autônoma" e reconhecidamente "idônea" –, permite desde já relacionar alguns traços iniciais que demarcariam o território deste novo tipo de conhecimento que se afirmava já desde Heródoto.

Se a História, nestes primeiros momentos, ainda não estava necessariamente ligada ao estudo da vida humana no "tempo", tampouco se pode dizer que já estava estabelecida,

---

18. Usa-se a metáfora do "supralunar" ("o que está acima da lua e do mundo dos homens") para designar as grandes questões e generalizações que transcendem a realidade mais imediata, o vivido particular de cada ser humano mergulhado na singularidade de sua vivência cotidiana. De modo inverso, usa-se a metáfora do "sublunar" ("abaixo da lua") para designar a vida concreta, singularizada, a vida específica dos homens nas suas ações concretas, a realidade mundana. Entre os gregos antigos, a Filosofia, ao investigar conceitos como o "Belo", o "Bom", ou ao especular sob a forma de grandes generalizações – fossem estas sobre o mundo natural ou sobre o mundo humano –, atuava no âmbito do "supralunar". Mas a História estaria sempre se referindo ao "sublunar", ao mundo dos homens concretos (e não ao mundo das abstrações sobre a vida humana).

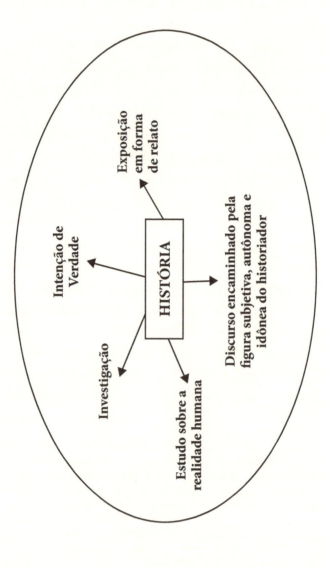

Figura 1. A História e sua "identidade mínima", desde os antigos

nos tempos da Grécia Antiga ou mesmo nos posteriores desenvolvimentos medievais, a noção de "fonte histórica" ou de "documento histórico" – esta que iria ocupar uma posição tão central na historiografia moderna. Assim, por exemplo, e ainda tomando como exemplos emblemáticos os antigos historiadores gregos a partir de Heródoto, era o próprio historiador, ele mesmo considerado como figura idônea, o que deveria trazer ao discurso historiográfico a garantia máxima da Verdade, e de que a pesquisa fora feita com a necessária imparcialidade e correção. A assinatura do historiador, em um discurso proferido ou implicado na primeira pessoa, o tornava diretamente responsável pelo que havia escrito. Por isso, tal como ressalta Hartog em seu verbete sobre os *historiadores gregos*, a verdade histórica praticamente se confundia naqueles antigos tempos historiográficos com a assinatura do historiador (1986).

A preocupação com a Verdade expressava-se no momento mesmo da coleta de informações para a reconstituição dos fatos, uma vez que, em sua investigação, o historiador ia em busca de "testemunhas oculares", nos casos em que não podia registrar o que ele mesmo vira. Essa cuidadosa enquete a ser empreendida pelo historiador, tal como destaca Momigliano em seu estudo sobre os *Problemas da Historiografia Antiga e Moderna* (1983), perfazia de fato uma investigação que deveria ser conduzida criteriosamente pelo historiador, constituindo a base de seu método – um método no qual "ter visto" diretamente os acontecimentos vividos trazia a legitimidade maior ao que era dito pelo historiador, e no qual "ter ouvido" de pessoas idôneas que viram os fatos que o historiador não pudera presenciar mostrava-se como o contraponto necessário e inevitável para o historiador que, obviamente, não podia ser onipresente. Apenas em um terceiro momento, por fim, o historiador lançava mão de outros indícios, que hoje seriam facilmente assimiláveis à ideia tradicional de "fontes históricas".

Com referência à já mencionada "intenção de verdade", que, já desde esta época, impunha-se à História aqui considerada como uma "matriz disciplinar" em formação, será também oportuno destacar o tipo de "conhecimento verdadeiro" que era buscado pelos historiadores gregos que imediatamente seguiram o modelo inaugurado por Heródoto. Para esse novo tipo de investigador – que se opunha ao filósofo que buscava regularidades e verdades eternas em uma realidade atemporal – o que poderia se tornar factível de ser apreendido e conhecido pelos seres humanos seria precisamente esse mundo de ações humanas em permanente mudança. Essa postura, diga-se de passagem, seria retomada de maneira ainda mais sofisticada por Vico no século XVIII, que em sua *Ciência Nova* chama atenção para o fato de que só podemos conhecer verdadeiramente – no âmbito de uma perspectiva que envolve a "compreensão" – aquilo do qual efetivamente participamos[19]. O que, vale dizer, implica que o homem só pode compreender aquilo que é humano.

---

19. Este se tornaria um dos fundamentos do historicismo hermenêutico, por exemplo o de Gadamer, mas também foi um ponto discutido por inúmeros autores, como é o caso de Cornelius Castoriadis em *A instituição imaginária da sociedade* (1982: 66-67).

A perspectiva de que somente o finito humano pode ser conhecido reforça-se em Heródoto com a sua eleição, para objeto de investigação, do "Passado", ou melhor, da experiência já realizada, isto é, do "campo da experiência humana" – para retomar aqui um conceito proposto por Koselleck (1979). A única fatia da experiência humana que poderia ser efetivamente conhecida seria na verdade o Passado, que rigorosamente é a "duração realizada". Aqui, o "Tempo", este elemento que hoje quase que imediatamente associamos à ideia de História, já começa a se insinuar discretamente como um elemento imprescindível para se estabelecer a identidade deste novo campo de expressão que seria a História.

A Historiografia teve muitos desenvolvimentos posteriores aos seus primórdios na época de Heródoto, e conheceu uma ampla variedade de gêneros que, com alguma liberdade, poderíamos categorizar como "gêneros historiográficos". Não será nosso objetivo historiar aqui essa vasta diversidade historiográfica e registrar as suas transformações no decurso de uma grande extensão de tempo que vai da Antiguidade aos Tempos Modernos. Nosso objetivo será essencialmente conhecer a Historiografia já no seu sentido moderno, e somente com vistas a encaminhar nossa intenção de entender uma historiografia que é já a de nosso tempo, é que buscaremos estabelecer alguns contrastes em relação aos padrões historiográficos anteriores.

Tentemos esboçar inicialmente um conjunto de características da História que seja satisfatoriamente válido para todas as formas de História que precedem a historiografia moderna que se estabelecerá a partir da segunda metade do século XVIII. Esta historiografia que chamaremos de pré-moderna – e que abarca experiências tão distintas quanto a historiografia grega, as crônicas medievais, a historiografia teológica, ou as formas de historiografia moralísticas, didáticas e pragmáticas do período renascentista em diante – relaciona-se simultaneamente às ideias de "pesquisa", "intenção de verdade", "relato", "idoneidade do historiador" (uma idoneidade assegurada pela sua "autonomia" enquanto figura subjetiva da qual parte o discurso historiográfico, mesmo que ele se filie a algum poder instituído). A ideia do "tempo" vem se juntar um pouco depois a este conjunto, não sendo ainda central na época de Heródoto e Tucídides. E ainda estávamos de todo modo muito distanciados – em todo esse vasto período que precede a historiografia moderna – da ideia de um conhecimento a ser produzido cientificamente, com critérios já modernos de objetividade, embora em termos de historiografia certamente se visasse desde sempre a produção de um "conhecimento verdadeiro".

A Historiografia Pré-moderna apresentava ou apresentou muitos objetivos e funções nas suas várias formas e contextos sociais. "Evitar o esquecimento" (como entre os gregos), "ensinar à vida" (*historia vitae magistra*), tal como propunham os teóricos renascentistas da política, "glorificar povos e nações", à maneira dos historiadores que se puseram a serviço das monarquias absolutistas da primeira modernidade – estes eram alguns de seus nortes refundadores. Os fazeres historiográficos, e as representações que os próprios historiadores elaboravam acerca destes fazeres historiográficos, também variaram muito. Como estamos distantes dos inquéritos historiográficos desenvolvidos pelos historiadores gregos que desejavam salvar os grandes feitos do "rio do esquecimento", mas que de todo modo emprestavam à sua disciplina a mesma atmosfera de empreendimento pessoal que veremos nos filósofos de sua época, quando os comparamos com os historiadores romanos. Para estes, a história inscreve-se em uma combinação de religião e política, e a tarefa do historiador é "religar" ao passado, fortalecendo o mito fundador de Roma de uma maneira tal que se termina por dotar o historiador de uma função sagrada que não víamos entre os gregos. E o fazer historiográfico não pode ser realizado sem uma inspiração transcendente que parece tomar de assalto a mente do historiador e integrar-se aos seus procedimentos técnicos, tal como nos diz Tito Lívio (59 a.C.-17 d.C.), historiador da Roma Antiga, em sua monumental obra *Desde a fundação da cidade*:

> Enquanto escrevo esses eventos antigos, através de não sei que conexão, minha mente envelhece e alguma *religio* se apodera de mim (*Anais*, livro 43, cap. 13).

Apesar da existência, na história da historiografia que precede a Modernidade, de métodos os mais diferenciados para assegurar a "verdade", e ao lado dos diversos usos para esta verdade histórica que era perseguida pelos historiadores gregos, romanos, medievais, renascentistas, podemos dizer que entre todas estas formas históricas pré-historiográficas a "intenção de verdade" ocupava um lugar central na produção deste tipo de conhecimento, como ainda hoje. Todavia, se a "intenção de verdade" era já condição *sine qua non* para a História (historiografia), e isto praticamente já em todas as suas variações pré-modernas, aqui a busca de verdade ou o seu registro eram vistos, acima de tudo, como uma atitude moral, como um princípio retórico da própria historiografia (RÜSEN, 1996: 79). Conduzida através da firmeza moral do historiador, a verdade histórica delineava-se mais especificamente contra os "preconceitos", contra as "parcialidades unilaterais", contra a intromissão de "elementos fictícios". Ainda não se tratava aqui, contudo, de buscar a verdade definindo-se critérios de objetividade específicos, metodicamente, no enquadramento de uma racionalidade científica que só se tornaria possível a partir da segunda metade do século XVIII para o que concerne às ciências da sociedade. Este novo momento ainda estaria por vir, e será com ele que já poderemos falar nas primeiras filosofias da história, e depois nas "teorias da história".

2 Uma nova era historiográfica

"Nova era historiográfica" deverá ser aqui entendida como uma época em que a História passa a ser concebida, tendencialmente (e não exclusivamente), de uma nova maneira. Não nos referimos aqui, portanto, a uma nova "época histórica", mas sim a um novo período historiográfico, a uma nova maneira como passa a ser concebida e elaborada a historiografia – isto é, a história escrita por intelectuais de certo tipo que podem ser referidos como "historiadores".

De modo geral, podem-se notar a partir do último terço do século XVIII os prenúncios de uma nova tendência no pensamento historiográfico, isto independentemente das novas e diferentes correntes historiográficas que passariam a se expressar no interior desta nova tendência, por vezes contrastando radicalmente umas com as outras. Assim, antes de falar nas diferenças que separam estas correntes, nossa atenção deverá recair precisamente sobre aquilo que as une, de um tal modo que nos sintamos efetivamente habilitados a falar aqui em uma nova "era historiográfica" a partir das últimas décadas do século XVIII. Vamos nos referir, aqui, ao próprio surgimento de uma historiografia moderna. Vale notar, ainda, que a segunda metade do século XVIII é um momento de passagem importante para um segundo momento, já no século XIX, no qual se consolidará a historiografia científica. Esta metade de século em que surgem as "filosofias da história", já abordadas no volume anterior, é como que uma antessala para algo ainda mais inovador, que será o ambiente de surgimento das "teorias da história" ainda na primeira metade do século XIX. Estes dois momentos da historiografia, embora distintos, fazem parte de um mesmo movimento que já podemos situar no ambiente de uma nova era historiográfica. Será esta a nossa perspectiva.

Em um artigo particularmente esclarecedor, Jörn Rüsen (1996: 81) explicita os traços centrais desta nova era historiográfica que se inicia no último terço do século XVIII. O primeiro traço relaciona-se à vinculação direta da História com a Realidade: passa-se a se entender a história como a realidade temporal do mundo humano, ou, o que dá na mesma, a História doravante passará a ser vista como "o mundo humano real na perspectiva do tempo". A história, neste novo momento, corresponderá a uma realidade previamente dada do próprio mundo humano, existente independentemente do historiador (RÜSEN, 1996: 81)[20].

Um sintoma interessante desta mudança de perspectiva, ou ao menos desta inédita ênfase trazida pelos novos tempos historiográficos, foi examinada em maior detalhe por Reinhart Koselleck (1979)[21]. Embora fosse já antiga a prática da historiografia, ou de vários tipos de pesquisa e de elaboração de textos assemelhados à historiografia, surgiria efetivamente em fins do século XVIII a primeira formulação do conceito atual de história, entendida como um "singular-coletivo", isto é, como a interação de todas as experiências humanas, desaparecendo a tendência a se falar em "histórias" separadas umas das outras. Essa mudança semântica anuncia efetivamente os novos tempos: a partir de então um mesmo conceito – "história" – passaria a designar simultaneamente a realidade vivida (a história enquanto processo de aconte-

---

20. Vamos lembrar aqui a opção convencional que já ressaltamos no vol. 1 desta série: Grafaremos História com "H" maiúsculo quando estivermos nos referindo à História (ao conhecimento histórico, ou à historiografia) que é produzida pelos historiadores; e grafaremos com "h" minúsculo a história que corresponde aos processos e eventos efetivos que se deram na vida real, e os quais os historiadores tomam para análise em seus trabalhos historiográficos. Essa convenção não é empregada necessariamente em todos os livros de Teoria da História, mas será nossa estratégia para evitar maiores confusões entre a História (historiografia) e a história (processo um dia vivido).

21. Cf. tb. o ensaio "Sobre a crise da História", de Gerard Noiriel (1996: 46).

cimentos) e a reflexão sobre esta realidade vivida (a historiografia produzida pelos historiadores na sua narração ou análise da história)[22]. Daqui em diante, a História passará a carregar o nome de sua carne.

Antes de prosseguirmos com as observações de Rüsen sobre as características centrais da nova era historiográfica, convém abrirmos um pequeno parêntesis e lembrarmos também as interessantes observações de Hannah Arendt sob uma sutil mudança que ocorria pela mesma época na própria história da Filosofia, pois esta mudança no ambiente mental dos filósofos vai de fato ao encontro da emergência da nova mentalidade historiográfica que já vinha surgindo por outras vias. Em que possam constituir uma digressão estes rápidos comentários sobre o que se ia passando no mundo dos filósofos, o fato é que a nova historiografia irá emergir também dessa nova dobra que se dá na Filosofia, no contexto das novas necessidades que se impõem no mundo político e histórico (discutiremos estes aspectos mais adiante). O novo tipo de historiador, também veremos, extrairá parte de suas inspirações e traços essenciais não apenas dos filósofos, como também dos teólogos e filólogos; isto afora, é claro, o que naturalmente extrairá dos antigos praticantes de gêneros cronísticos e proto-historiográficos. Por isso, postulamos

---

22. As reflexões de Reinhart Koselleck (1923-2006) sobre as diversas mudanças semânticas e conceituais que assinalam o advento de uma Segunda Modernidade na passagem do século XVIII ao XIX – entre elas a ressignificação da História como "singular coletivo" – podem ser encontradas em vários dos ensaios reunidos no livro *Futuro Passado* (1979), bem como em outras obras do historiador alemão, inclusive diversos verbetes do monumental Dicionário de Conceitos *Geschichtliche Grundbegriffe* (1971-1992), do qual foi um dos co-organizadores.

que, antes de seguirmos, será oportuno examinarmos o que se deu com a Filosofia ocidental na passagem para o último terço do século XVIII.

Arendt (2009: 101) observa que a história do chamado "pensamento filosófico ocidental" conheceu – especificamente em relação à questão que se refere ao que se deve ou não enfatizar como *tarefa principal do filósofo* – três grandes épocas, até o momento que estamos abordando (três fases da filosofia ocidental que podem ser demarcadas em função de suas ênfases predominantes na "transcendência", na "política" e na "história", conforme veremos em seguida).

Uma primeira "era filosófica" extraordinariamente extensa na história do pensamento ocidental, no que concerne a esta questão específica que seria a determinação da principal tarefa do filósofo, seria aquela que foi atravessada por uma filosofia que valorizava prioritariamente a Metafísica. Teríamos aqui aquela filosofia que, desde Platão e Aristóteles, havia fixado como tarefa maior e mais nobre da Filosofia investigar as "causas primeiras" (isto é, aquelas que estão acima do mundo humano, que se referem às reflexões sobre o próprio *Ser* examinado como se estivesse *fora* da história e do fugaz e revolto mundo humano). De Aristóteles até fins da Idade Média, passando pelos tomistas, esta teria sido a tônica maior da história da Filosofia que precede o período moderno[23].

---

23. "Toda a Metafísica anterior, desde Platão, buscara a verdade e a revelação do Ser eterno em toda a parte, exceto na esfera dos problemas humanos [...] de que Platão nos fala com tamanho desprezo precisamente porque nela não se poderia achar nenhuma permanência, não se podendo esperar que desvelasse a verdade" (ARENDT, 2009: 101).

Os séculos XVI e XVII trarão, em seguida, a "Primeira Modernidade" (esta expressão é de Koselleck, que definirá ainda uma "segunda modernidade" a partir do século XIX). Não poderemos aprofundar neste momento uma discussão mais pormenorizada que tem sido trazida pela historiografia recente, ao procurar mostrar que na própria Idade Média já se inscrevem transformações que aflorariam com maior clareza no chamado Renascimento[24]. Ainda assim, mesmo reconhecendo as limitações das leituras de *ruptura* entre a última Idade Média e o período que inicia a primeira modernidade, trabalharemos com a ideia de que, grosso modo, a "primeira modernidade" se traduz efetivamente em mudanças importantes na história do pensamento filosófico com relação a esta questão específica da qual presentemente tratamos, isto é, "qual seria a principal tarefa do filósofo".

Do inquérito metafísico sobre as causas primeiras, a tarefa maior e mais nobre da Filosofia passa a ser vista,

---

24. Entre outras obras que relativizam as teses da ruptura, podemos citar *O Renascimento italiano* (1972), de Peter Burke, um ensaio que busca examinar a rica tensão que se pode perceber, nas próprias obras de artistas e intelectuais renascentistas, entre os elementos que confirmam o discurso renascentista de rompimento com o medieval e de concomitante recuperação dos valores clássicos, e os elementos que permitem inscrever a produção de cada um deles também em uma continuidade que remete ao mundo medieval. Deste modo, o mundo renascentista surge como produto de dois passados em interação – a Antiguidade Clássica e a medievalidade gótica – o que também permite problematizar o seu vínculo em relação ao futuro, isto é, a modernidade que nas análises mais habituais é por vezes apresentada como produto da própria Renascença. Isto posto, para a questão filosófica da qual trataremos, poderemos considerar a primeira modernidade como um período que traz uma nova hierarquização das temáticas filosóficas.

nos séculos XVI e XVII, como aquela que é cumprida pelas Teorias Políticas. De Maquiavel (1469-1527) a Locke (1632-1704) e a Hobbes (1588-1679), há fartos exemplos[25]. A Filosofia, já desde a primeira modernidade, passa a se preocupar enfaticamente com o mundo humano, com a sua organização política, com o mundo da "ação". Não que esta Filosofia da primeira modernidade abandone os demais temas (assim como na Filosofia da Antiguidade também se tratou muito do "Político"), mas sim que, neste novo período, o "Político" é trazido para a centralidade da reflexão filosófica – isto é, passa a ser *enfatizado* como a temática mais importante. Com o realismo político de Maquiavel (1513), o campo da Política deixa de ser o da "razão pura", tal como ocorria em Platão (LAFER, 2009: 17), para configurar no campo da "razão prática", se assim pudermos nos expressar antecipando um vocabulário que já será o de Kant (1781 e 1788). Com Hobbes (1651), atingimos no século XVII – neste período que corresponde à culminância da "primeira modernida-

---

25. "Assim, uma das razões para a ruptura de Hobbes com a Filosofia tradicional consistia em que, enquanto toda a Metafísica anterior seguira Aristóteles ao sustentar que a investigação das causas primeiras de todas as coisas constitui a tarefa principal da Filosofia, sua posição, ao contrário, era a de que a tarefa da Filosofia consiste em guiar propósitos e alvos e estabelecer uma teleologia razoável da ação" (ARENDT, 2009: 111). E, mais adiante: "A Idade Moderna não somente produziu, mal iniciada, uma nova e radical Filosofia Política – Hobbes é apenas um exemplo, embora talvez o mais interessante – como também, pela primeira vez, filósofos dispostos a orientar-se conforme às exigências da esfera política; e essa nova orientação política está presente não apenas em Hobbes como, *mutatis mutandis*, em Locke e Hume. Pode-se dizer que a transformação da Metafísica em uma Filosofia da História foi precedida por uma tentativa de desvencilhamento da Metafísica por uma Filosofia da Política" (ARENDT, 2009: 111).

de" – um dos pontos mais sofisticados desta modalidade que é a Teoria da Política[26].

Por fim, o último terço do século XVIII (coincidindo precisamente com o período que Jörn Rüsen qualificará como o do surgimento de uma nova era historiográfica) assistirá ao "concomitante declínio do interesse pelo puramente político" (ARENDT, 2009: 111). É entre meados do século XVIII e as últimas décadas deste mesmo século que se dá tanto a emergência das "filosofias da história", que já examinamos em capítulo anterior (vol. 1 desta série), como também o acúmulo de condições e de elementos dispersos que favorecem a

---

26. Thomas Hobbes (1588-1679) é conhecido na história das ideias políticas principalmente pelo seu ensaio *Leviatã* (1651). Nessa obra o filósofo inglês discorre sobre a natureza humana (é famosa a sua frase de que "o homem é o lobo do homem") e sobre a necessidade do governo e de formas de organização política especificamente centralizadas. Ao contrário do que ocorre com a teoria do "bom selvagem" de Rousseau, Hobbes define o primordial Estado de Natureza como um "estado de guerra" assaltado ininterruptamente pela insegurança e pela violência. Por isto os homens – livres por natureza, mas depois reunidos em uma multidão de indivíduos que passa a constituir um "corpo político" – teriam exercido o seu direito de transferir voluntariamente a liberdade a um terceiro: o soberano absoluto que a partir daí passou a ter legitimada a sua autoridade. Desta forma, em Hobbes, a principal função do Contrato Social é a de legitimar a soberania de um poder acima de todos para que, desta forma, estabeleça-se um controle sem o qual os homens (lobos de si mesmos) se aniquilariam reciprocamente. Este soberano criado artificialmente é o Estado – que pode ser tanto um monarca, uma oligarquia ou uma assembleia democrática. O fundamental, conforme postula Hobbes, é que este poder seja Absoluto, no sentido de que seja exercido imperiosamente acima dos indivíduos (monopolizando, por exemplo, o controle da violência física através do Exército e da Polícia, a justiça através das Instituições do Direito Público, ou ainda o direito de coletar impostos). Em vista destas ideias Hobbes passou a ser conhecido como o "teórico do absolutismo". Para a nossa reflexão sobre Historiografia, o que é importante é constatar que toda esta Teoria Política desenvolvida por Hobbes dá-se à parte da história, como pura Teoria Política. Estamos muito longe do que teremos com Hegel, e, posteriormente, com Marx.

emergência de uma Teoria da História e de um novo tipo de historiografia. Entre os filósofos da história, de Kant a Hegel, assistiremos a um movimento das ideias filosóficas no qual veremos culminar, com este último filósofo, a ideia de que a história deve ser situada no *centro* do pensamento filosófico. Ou, como dirá Hannah Arendt, "pensar, com Hegel, que a verdade reside e se revela no próprio processo temporal é característico de toda a consciência histórica moderna, como quer que essa se expresse – em termos especificamente hegelianos ou não" (ARENDT, 2009: 101).

Já estamos aqui diante do portal que introduz, no século XIX, a "segunda modernidade" (para utilizar a designação de Koselleck). Esta já nasce, por assim dizer, distintivamente marcada pela "consciência histórica" – e com tal exagero, que Nietzsche lançará contra os excessos deste novo espírito hiper-historiográfico da "segunda modernidade" a sua *Segunda Consideração Intempestiva* (1873), conforme veremos no volume III desta obra. Dito de outra forma, de uma maneira até então inédita a História passa a contaminar a Filosofia. Toda ela se torna histórica, se autopercebe como mergulhada na história. Esta é pelo menos a tendência geral, da qual Hegel nos oferecerá o mais bem acabado exemplo.

Encontramo-nos agora naquele ponto a partir do qual poderemos retomar, com maior propriedade, as considerações de Jörn Rüsen sobre as características da nova era historiográfica. A "verdade" não está mais *fora* da história, de maneira transcendente; ao contrário, daqui em diante ela está *dentro* da história. Rigorosamente falando, a Verdade *é* a própria história. A noção de "processo histórico" se impõe a partir daqui. A verdade a ser apreendida, seja pelos filósofos ou por estes novos intelectuais que serão os historiadores, dá-se *na* história, está inarredavelmente inscrita no tempo. É por isso que a História deixa de ser aquela modalidade de prática intelectual ou literária que antes parecia destinada a fornecer *exemplos* para a Teoria Política, tal como vemos em Maquiavel. Ela (a história) é o próprio processo a ser estudado. Isto vai se impor com tanta força que o século XIX vai ser cognominado de "século da história" (THIERRY, 1820)[27].

Diante da nova concepção de que a história corresponderia a uma realidade vivida efetiva, a função do historiador, por isto mesmo, passaria a ser a de apreender esta realidade, ou algo desta realidade, o que nos leva desde já ao segundo traço apontado por Jörn Rüsen em sua caracterização deste novo modo de conceber e elaborar a História que começa a se afirmar a partir do último terço do século XVIII. Assim, enquanto o primeiro traço referia-se à *natureza* da história-efetiva, isto é, à maneira como a natureza da história passa a ser compreendida pela nova Historiografia, já o segundo traço refere-se à ligação ou ao tipo de ligação que deve ser estabelecido entre a Historiografia e a história que a primeira toma para objeto de conhecimento. A partir de então, duas novas palavras passam a pautar esta relação entre

---

27. Meinecke (1936: 394) fará um comentário interessante em relação à nova percepção das reações entre História e Verdade, que surge com a nova historiografia: "contudo, não mais se acreditará que essa verdade última residisse em um único livro, quer fosse este a Bíblia ou algum substituto dela. A história mesma era considerada tal livro, o livro 'da alma humana nos tempos e nações', tal como a definiu Herder" (MEINECKE, apud ARENDT, 2009: 102).

Historiografia e história: "racionalidade" e "método". A Historiografia passa a ser entendida cada vez mais como "forma de conhecimento" (e não mais como mero meio pragmático ou voltado para o aprimoramento ético). Como nova forma de conhecimento a ser cuidadosamente definida em suas especificidades, a principal estratégia cognitiva da historiografia para lidar com a experiência do passado deverá ser necessariamente a "racionalidade do método". Surgirá aqui, concomitantemente, um novo conceito importante para ser considerado no âmbito dos procedimentos metodológicos da historiografia: a "objetividade".

Um texto de época que, posteriormente, registraria de modo particularmente interessante os novos níveis de objetividade exigidos pelo padrão historiográfico em formação pode ser encontrado em um ensaio de Wilhelm von Humboldt (1767-1835) intitulado "Sobre a tarefa do historiador" (1810). Neste texto, Humboldt já discute, para o que se refere à elaboração de um conhecimento historiográfico, a necessária interação ("fusão") entre o "intelecto investigador" e o "objeto investigado". Falar, para a História, em um *sujeito* que produz o conhecimento e em um *objeto* de conhecimento, e da interação possível entre ambos, é já o sinal de uma nova postura frente à historiografia, que passa a ser considerada como uma forma de conhecimento entre outras no quadro geral de disciplinas que aspiram à racionalidade e à cientificidade.

Entender a historiografia como forma específica de conhecimento, e não mais como texto que serve à política ou a aspectos pragmáticos, morais ou teológicos, seria um passo fundamental para que surgisse um novo padrão de historiografia. Não é por acaso que a nova maneira de se conceber e elaborar a historiografia é concomitante não apenas à contaminação da Filosofia pela História, mas também à afirmação de uma perspectiva mais *epistemológica* na Filosofia, particularmente assinalada pela orientação apontada por Immanuel Kant (1724-1804). Se a filosofia até então fazia perguntas tais como "o que é a Verdade?", a partir desta virada epistemológica as grandes perguntas serão: "como pode a Verdade se tornar objeto de conhecimento?", "que condições tornam possível o Conhecimento?" Quando a Filosofia passa a fazer, a si mesma, perguntas como estas, começamos a entrar no campo da Epistemologia.

Não por acaso, os historiadores também logo começariam a perguntar a si mesmos: "que elementos da realidade histórica podem ou devem ser apreendidos pelos historiadores?", ou, ainda, "como a história – ou a verdade histórica – poderá tornar-se apreensível para o sujeito que produz o conhecimento?" Em termos mais simplesmente historiográficos, os historiadores começam a se preocupar com duas coisas: "o que buscar na história", e "que métodos e procedimentos empregar nesta busca". Estas duas perguntas, a partir da segunda metade do século XVIII, e sobretudo no século XIX, estarão presentes na mente de todos os historiadores ou eruditos que procuram elaborar algum tipo de conhecimento sobre a experiência do passado. As respostas que serão dadas a estas perguntas, contudo, darão origem a correntes diferenciadas do pensamento historiográfico.

Boa parte dos iluministas da segunda metade do século XVIII, por exemplo, havia passado a responder à primeira pergunta ("o que encontrar na história") em termos de uma grande busca de leis ou generalizações. Almejavam compreender, na História, o que estava por trás da história. Haveria "leis" presentes por trás do desenvolvimento das sociedades humanas, tal como havia leis que regiam os fenômenos físicos? Esta busca também seria a dos Positivistas no século seguinte. Já os primeiros românticos do século XVIII, e mais tarde os historicistas do XIX, não estavam propriamente interessados em leis gerais, em grandes generalizações que permitissem compreender a história como um desenvolvimento único e sob a perspectiva de uma universalidade que abarcasse toda a humanidade. Essencialmente, buscavam na história as singularidades, as diversidades, a especificidade de cada sociedade ou processo histórico. Sua perspectiva historiográfica, em uma palavra, seria "particularizante", e não "universalizante".

Quanto à pergunta metodológica – "que estratégias cognitivas deveriam ser utilizadas para lidar com a experiência do passado?" – as respostas foram também várias, mas a mais consistente seria trazida pelos historicistas que se afirmariam a partir do início do século XIX: a historiografia deveria desenvolver métodos sistemáticos de críticas das fontes, das evidências que registravam as experiências do passado humano. Este trato sistemático das fontes ficaria conhecido como "crítica documental", e foi de fato uma das maiores contribuições do Historicismo dos primeiros tempos – e da Escola Histórica Alemã em particular – ao desenvolvimento da historiografia como um todo. As outras duas contribuições, para além da própria difusão do paradigma historicista que logo será discutido, foram a inserção e consolidação da História como disciplina universitária, e a instituição da figura do historiador profissional como aquele sujeito humano que, legitimamente, poderia tomar a seu cargo a tarefa da escrita da História com base em uma rigorosa especialização laboriosamente conquistada.

A nova figura do historiador profissional logo passaria a se contrapor à do sábio erudito que, entre inúmeros outros interesses, já vinha escrevendo no século XVIII também as suas obras historiográficas, a exemplo de filósofos iluministas como Voltaire, Montesquieu ou David Hume. De igual maneira – em que pese que eventualmente as "teorias da história" do século XIX achem-se eventualmente impregnadas de alguma "filosofia da história" (como o Positivismo comtiano ou a perspectiva da marcha teleológica da civilização para o socialismo que se acha inserida no materialismo histórico de Marx e de Engels) – já vimos no vol. 1 (cap. II) que o historiador do século XIX, o "historiador científico", passa a se dedicar cada vez mais ao exame do "concreto vivido" trazido pelas suas fontes, e a se distanciar cada vez mais das perspectivas teleológicas daquelas "filosofias da história" que buscavam antecipar um futuro e refletir essencialmente sobre o sentido e o ponto de chegada da história, mais do que sobre a história em si mesma. O historiador profissional que surge no século XIX, e que seguirá pelos séculos posteriores, estará muito claramente ocupado em sedimentar as suas reflexões em evidências, e em se afastar de especulações não comprováveis ou sem alguma base empírica.

Isto nos leva, por fim, ao último aspecto. Em face da necessidade de se estabelecer um método que capacitasse atingir a essencialidade do processo histórico ou da experiência humana examinada, passaram a ocupar uma centralidade fundamental para a produção do conhecimento histórico estes materiais, vestígios ou evidências de todos os tipos que vão sendo deixados pelas sucessivas épocas e pela da ação humana através do tempo. Em uma palavra: a ideia de História, no sentido moderno, passa a ser quase que automaticamente associada ao conceito de "Fonte Histórica", embora a definição sobre o que poderia ou não ser considerado como fonte histórica tenha passado por sucessivas transformações ao longo do desenvolvimento da historiografia, em geral na direção de uma gradual expansão que terminaria por abarcar um universo praticamente infinito de possibilidades. Desde então, destacam-se dois elementos entre aqueles que mais habitualmente associamos à matriz disciplinar que constitui este campo de conhecimento que denominamos História: a *Fonte Histórica*, e a referência ao *Tempo*. Retomando o esquema anterior, válido para os antigos gêneros historiográficos que precedem a historiografia dita científica, e já agregando as características modernas, será possível, a seguir, reunir em um esquema visual os principais aspectos que se encontrarão desde os primeiros momentos presentes na nova "matriz disciplinar" da História, já entendendo este vocábulo no sentido moderno:

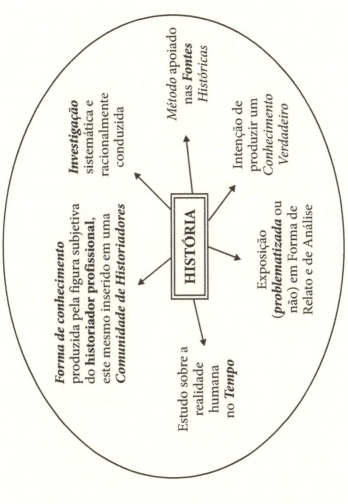

Figura 2. A moderna Matriz *Disciplinar da História*

A Matriz Disciplinar da História, embora não com esta designação, foi bem analisada por Michel de Certeau em um importante ensaio intitulado *A operação historiográfica* (1974), no qual a História (a historiografia) é apresentada como constituída simultaneamente por um *Lugar de Produção*, uma *Prática* e uma *Escrita*[28]. Dos aspectos acima arrolados, pode-se dizer que o Lugar de Produção – o lugar de onde se produz esta *forma de conhecimento* específica que é a História – relaciona-se diretamente à *Comunidade de Historiadores*. Todos os historiadores, com tudo o que até hoje já se produziu em termos de conhecimento histórico e de discursos historiográficos, influenciam de alguma maneira, ainda que de maneira indelével na maior parte dos casos, o trabalho de cada historiador em particular. Já vimos isto no vol. 1 (cap. I), quando discutíamos o que é, de modo geral, um "campo disciplinar" (não necessariamente apenas o campo disciplinar da História, mas também qualquer outro

---

28. A princípio, o célebre texto "A operação historiográfica", de Michel de Certeau (1974), consistiu em uma espécie de resposta a outro notório texto que havia sido escrito por Paul Veyne em 1971, com o título *Como se escreve a História* (1982). O discurso historiográfico sistematicamente decifrado por Certeau situa-se, neste texto, bem ancorado na encruzilhada de "um lugar social", "uma prática", "uma escrita". O estudo historiográfico aparece, assim, mais como produto de um lugar que de uma disposição individual, e afirma-se de maneira particular a tradicional tônica da relação do trabalho historiográfico com o Presente, esta que já era lugar-comum nos anos de 1970 e que remonta ao antigo dito de Benedetto Croce que proclamava que "toda história é contemporânea". O texto de Michel de Certeau – sistematicamente preocupado em identificar as relações do produto historiográfico com "um lugar social, uma prática e uma escrita", tornou-se um clássico, tão importante para a compreensão dos problemas da historiografia contemporânea como se tornara imprescindível para a compreensão da História das Ciências o ensaio de Thomas Kuhn sobre a *Estrutura das revoluções científicas*, publicado em 1962.

campo disciplinar, tal como a Física, a Botânica, e inúmeros outros).

A comunidade dos historiadores, interferindo diretamente sobre o trabalho de cada historiador em particular, expressa-se através de inúmeros mecanismos de pressão e contrapressão, inclusive institucionais, embora neste momento não possamos nos deter neste ponto em especial. Por outro lado, inegavelmente a comunidade dos historiadores também sofre pressões da comunidade de leitores que consomem a História enquanto produto cultural, gênero literário ou modalidade acadêmica, o que já nos conduziria a um outro campo de reflexões, como as que foram desenvolvidas por autores como Paul Ricoeur em *Tempo histórico e narrativa* (1983-1985). O leitor, diante das múltiplas possibilidades de sentido de um texto, que se estabelecem mesmo para além das intenções originárias do autor-historiador, é ele mesmo parte integrante do lugar de produção do texto historiográfico[29].

Para além de um *Lugar de Produção*, a Matriz Disciplinar da História define também uma *Escrita* – vale dizer, um modo

---

29. Este posicionamento, aliás, acompanha as reflexões de autores como Mikhail Bakhtin (1929), Paul Zumthor (1987), Tzvetan Todorov (1970), para além de muitos outros ligados à Teoria da Comunicação, para os quais a "recepção" de um texto inscreve-se ela mesma no lugar de "produção" deste mesmo texto, uma vez que todo autor sempre elabora seu texto antecipando ou se deixando influenciar, de alguma maneira, pelas expectativas conscientes e inconscientes que já previamente detém a respeito de seu público potencial. Para as reflexões pioneiras de Bakhtin sobre o papel da "recepção" na "produção" de um texto, bem como sobre os demais problemas relativos à questão da Intertextualidade (diálogo de um texto com outros textos, mesmo que independentemente das intenções do autor), cf. Bakhtin, 1982. Vale ainda conferir as reflexões sobre os mesmos problemas desenvolvidas por Eliseo Verón (1980). Cf. tb., para a questão da recepção dos textos literários e seu retorno sobre a produção dos mesmos, os trabalhos de Paul Zumthor (1990).

de escrita específico, autorizado pela comunidade de historiadores, pelas expectativas já consolidadas pelos diversos gêneros historiográficos, e pelas possibilidades oferecidas pelas expectativas e competências leitoras. Este aspecto – o padrão de escritura do texto historiográfico – sofre naturalmente transformações ao longo da própria história da historiografia, mas pode-se dizer que, essencialmente, a Escrita da História tem desde os primeiros tempos alternado *relato*, sob a forma de narrativa ou descrição, e a *análise*, por vezes com o predomínio de um ou outro destes polos conforme o paradigma historiográfico em questão, a escola histórica ou o estilo pessoal de cada historiador. Por outro lado, conforme também ressalta Michel de Certeau, a Historiografia produz necessariamente um discurso que se "desdobra sobre si mesmo", uma vez que ela coloca em interação ou alterna necessariamente o discurso do historiador e o discurso de suas fontes, de múltiplas maneiras[30]. Essa forma de escrita alicerçada na consideração do texto ou da "fala do outro" tem sido uma constante no trabalho do historiador desde seus primórdios, embora admitindo inúmeras possibilidades expressivas, e por isso pode ser indicada como um traço essencial da identidade mínima definida pela Matriz Disciplinar da História, presente em todos os paradigmas historiográficos até hoje surgidos.

---

30. Na parte de seu ensaio "A operação historiográfica" que se refere à "Escrita da História" propriamente dita, Michel de Certeau busca esquadrinhar sistematicamente as características deste discurso histórico que constituiria uma espécie de "texto folheado" no qual um discurso produzido pelo historiador compreende seus "outros" – a saber, os discursos de outros tempos, alcançados através do diálogo com as fontes históricas (1975: 65-119).

Existe, por fim, uma *Prática*. Faz parte da prática historiográfica, por exemplo, o trabalho obrigatório e metodologicamente conduzido a partir das Fontes Históricas – isto é, evidências, vestígios e materiais de toda espécie deixados pelos processos históricos e pelas ações humanas. Essa base da pesquisa do historiador na "fonte histórica", ou em documentos e vestígios de todos os tipos, faz parte da identidade mínima da História no que se refere à sua Prática. Bem entendido, a maneira de se trabalhar com as fontes históricas, ou ainda o que pode e deve ser definido ou constituído como fonte histórica... tudo isto pode mudar com os próprios desenvolvimentos da história da historiografia, mas dificilmente mudará algum dia o fato de que o historiador deve necessariamente trabalhar com fontes históricas de modo a legitimar as afirmações e reflexões que produz sobre as sociedades, processos e realidades históricas que está examinando, ou mesmo de modo a se aproximar de alguma maneira destes processos ou realidades históricas com vistas a obter as informações e materiais discursivos com os quais irá trabalhar. Até o presente momento, a Fonte Histórica é o único recurso que permite ao historiador acessar uma época e uma sociedade que não estão mais presentificados[31].

---

31. Isso só poderá se modificar, algum dia, se surgir futuramente alguma tecnologia muito sofisticada que seja capaz de visualizar períodos no Passado ("visores do tempo", por exemplo), ou se um dia forem descobertas formas de viajar através do tempo, como nas "máquinas do tempo" que têm sido propostas pela imaginação dos autores de iniciação científica. Até lá, sem recursos como estes, que até o momento fazem parte da ficção, a Fonte Histórica tem sido ela mesma a única "máquina do tempo" disponível para o historiador.

A prática do historiador, poderíamos acrescentar, também inclui muitos outros aspectos, tais como a necessidade de estabelecer uma certa representação do Tempo, ou como a intenção de produzir algum tipo de conhecimento verdadeiro[32]. A historiografia contemporânea, a partir do século XX, estabeleceu ainda como exigência mínima para o historiador que ele elabore a sua historiografia a partir de "problemas", e na verdade esta exigência já aparece mesmo em diversos historiadores do século anterior, tal como Johann Gustav Droysen que, em sua *Historik* (1858), explicita claramente a norma de que "o ponto de partida de toda pesquisa é a pergunta histórica" (DROYSEN, 2009: 46). Deste modo, já não é possível, pelo menos para um historiador que almeje ser reconhecido pela comunidade de historiadores profissionais, que se faça uma historiografia meramente narrativa ou descritiva, sem incluir algum tipo de análise ou interpretação dos fatos e dados. A historiografia, nos dias de hoje, é necessariamente problematizada – é uma "História-Problema",

---

32. Este último traço da Matriz Disciplinar da História tem sofrido com a vertente pós-modernista os seus abalos. De fato, temos aqui um traço disciplinar que é nos dias de hoje uma arena de disputas entre historiadores. Felipe Fernández-Armesto, em seu ensaio *Verdade – Uma história* (1997), assim se expressa a respeito dos atuais torneios em torno da verdade histórica: "Os historiadores de hoje são sacerdotes de um culto à verdade, convocados para servir a um deus de cuja existência estão condenados a duvidar. Enquanto seus colegas de outras disciplinas abandonam antigas crenças, destronando a verdade de seus altares em favor de novos deuses, os historiadores, ao menos alguns, permanecem entre as ruínas, como guardiães de um templo pagão durante o declínio e a queda do Império Romano. Os bárbaros nos portões incluem os céticos filosóficos, os críticos pós-modernos, os reavaliadores científicos dos critérios de evidência; todos os vândalos e vítimas da doutrina de que a objetividade é uma ilusão" (FERNÁNDEZ-ARMESTO, 2000: 189-190).

por assim dizer, e para retomar aqui uma famosa expressão consolidada por Lucien Febvre[33]. O trato com o "Tempo", a "Intenção de Verdade", a "Problematização" – estes e outros, enfim, são alguns elementos que constituiriam a Prática hoje definida pela Matriz Disciplinar da História, consistindo naquilo que aparece no trabalho de qualquer historiador, independente do seu Paradigma, da escola historiográfica a que se filia, de seu estilo pessoal, do sistema conceitual como o qual habitualmente lida.

O nosso objetivo a seguir será o de nos aproximarmos da compreensão acerca de dois grandes paradigmas historiográficos que começam a se formar com esta nova era historiográfica que terá no século XIX um dos seus momentos de destaque: o Positivismo e o Historicismo. Ambos pautam-se na ideia de que a História refere-se a uma realidade humana temporalizada, e na perspectiva de que poderia se tornar objeto de conhecimento este mundo humano real a ser compreendido no tempo. De igual maneira, com estes dois paradigmas historiográficos concorrentes, já entramos no âmbito das "teorias da história", para além do fato de que todos os principais elementos que passam modernamente a

---

33. Existe ainda um outro aspecto que pode ser postulado como um traço que foi incorporado à Matriz Disciplinar da História no último século: a tendência do campo da história à "Abertura Interdisciplinar". A História, mais do que qualquer outra disciplina, passou a incluir na sua prática corrente a Interdisciplinaridade. A História tem incorporado muito naturalmente conceitos e métodos oriundos de outros campos de saber, reapropriando-os para seus próprios fins, e no decurso do século XX conheceu sucessivas vagas de interdisciplinaridade que a trouxeram para o diálogo com ciências sociais diversas como a Economia, a Geografia, a Sociologia, a Antropologia, a Linguística, a Psicologia, e ainda outras.

constituir a Matriz Disciplinar da História já se acham aqui conformados, em um e em outro destes paradigmas. Isto tudo une as duas correntes. Mas algo as separa radicalmente, e é disto que trataremos a seguir.

3 Dois paradigmas em contraposição: Positivismo e Historicismo

A historiografia dos séculos XIX ao XXI oferece um arco interessante e diversificado de posições relacionadas à questão da oposição e interação entre Objetividade e Subjetividade em História. Praticamente o século XIX abre-se e encerra-se com este debate, pois, além de ser o século da História, será constituído de décadas de confronto entre duas posições fundamentais com relação a esta questão: o *Positivismo* e o *Historicismo*. Adicionalmente, surge em meados do século XIX uma nova Teoria da História, mas sem estar ainda acompanhada por um número significativo de obras historiográficas propriamente ditas: o *Materialismo Histórico*, que no século XX traria inúmeras contribuições historiográficas já produzidas por historiadores ligados ao Materialismo Histórico. Mas esta terceira proposta historiográfica será discutida em outro momento.

A oposição fundamental entre Positivismo e Historicismo dá-se em torno de três aspectos fundamentais: a dicotomia Objetividade/Subjetividade no que se refere à possibilidade ou não de a História chegar a Leis Gerais válidas para todas as sociedades humanas; o padrão metodológico mais adequado à história (de acordo com o modelo das ciências naturais, ou um padrão específico para as ciências humanas); e a posição do historiador face ao conhecimento que produz (neutro, imerso na própria subjetividade, engajado na transformação social).

Com relação aos padrões positivista e historicista, é importante ressaltar que, enquanto o Positivismo, como paradigma, já está praticamente pronto desde o início do século XIX – uma vez que herda uma série de pressupostos do Iluminismo, embora por vezes invertendo a sua aplicação social e vindo a constituir de fato uma visão de mundo tendencialmente conservadora, ao contrário dos setores mais revolucionários do pensamento Ilustrado – já o Historicismo estará construindo o seu paradigma no decurso do próprio século XIX. Influências mais isoladas lhe chegavam de autores precursores como Herder ou Vico, que já estavam no século XVIII atentos à relatividade das sociedades humanas contra a tendência predominante na intelectualidade da época, o Iluminismo, que tendia a pensar na natureza universal do homem e em uma história "universalizante", e não "particularizante". Mas foram poucas as vozes que sintonizariam, neste século anterior, com as preocupações dos historicistas oitocentistas[34].

---

34. Como a noção de "Historicismo" sofreu muitas definições e redefinições na História das Ideias, gerando também ambiguidades diversas e mesmo dificuldades de se chegar a um consenso sobre a inserção deste ou daquele autor dentro da corrente que poderia ser denominada "historicista", discutiremos oportunamente a expressão e o que, sob nossa perspectiva, poderia ser classificado como essencialmente historicista. Sobre os problemas da definição de historicismo, já se expressava Heussi, em 1922, p. 15.

Os positivistas contam de fato com toda uma fortuna crítica que inclui as já clássicas discussões iluministas em torno de questões que lhes seriam caras: a possibilidade de um conhecimento humano inteiramente *objetivo*; a construção de uma história *universal*, comum a toda a humanidade; a possibilidade de amparar um conhecimento científico sobre as sociedades humanas com base na ideia de *imparcialidade* do sujeito que produz o conhecimento[35]. Estes princípios, no que apresentam de mais essencial, sustentam-se sobre a noção de que haveria uma "natureza imutável do Homem". São estes fundamentos, que já vinham sendo discutidos há muito pelo pensamento Ilustrado, que o Positivismo tomaria para si, emprestando-lhes uma nova coloração. Por isto, podemos dizer que, no essencial das questões que irá colocar a si mesmo, o Positivismo já inicia o século XIX com um quadro bastante claro de seus posicionamentos, enquanto que já o Historicismo se apresentará no decurso do século

---

35. Naturalmente que a ideia de uma "imparcialidade absoluta" será sempre um problema. O Iluminista, contudo, via a si mesmo como um homem desprovido dos "preconceitos" que seriam tão típicos da Igreja, dos partidários da Monarquia Absoluta, dos defensores dos privilégios da Aristocracia, ou mesmo do povo mais humilde, por estar sujeito à ignorância que lhe impunham aqueles que o dominavam. O Homem Ilustrado, livre de preconceitos e dotado de pensamento crítico, estaria apto a enxergar as coisas como elas são, sendo esta a ideia que será retomada mais tarde pelo Positivismo.

XIX como algo que aqui tomaremos a liberdade de chamar de "Historicismo em construção"[36].

Para os primeiros historicistas, nada de fato está propriamente pronto. O Historicismo ainda precisará construir a si mesmo, estendendo contribuições diversas em um arco que irá de Ranke – ainda preocupado em "narrar os fatos tal como eles aconteceram" – até Droysen e Dilthey, historicistas relativistas que já se ocupam em trazer à historiografia uma reflexão sobre a subjetividade do próprio sujeito que constrói a história, bem como sobre a singularidade do padrão metodológico a ser encaminhado pela Historiografia: um padrão "compreensivo" e não "explicativo" como nas ciências naturais. Esta mesma discussão estende-se através do século XX, chegando a nomes como Gadamer, Paul Ricoeur e outros historicistas modernos como Marrou.

Já apontamos alguns traços iniciais do confronto entre Historicismo e Positivismo. Poderemos prosseguir fazendo notar que a distinção fundamental entre Positivistas e Historicistas, de um lado, refere-se ao contraste de suas perspectivas

---

36. É isto o que faz com que os primeiros historicistas pareçam tão ambíguos para diversos comentadores. Adam Schaff, em sua obra *História e verdade* (1971), classifica Leopold von Ranke como "positivista", uma vez que a postura deste diante dos fatos históricos ainda lhe parece impregnada dos ideais de objetividade absoluta e de neutralidade do pesquisador, o que conviria a um positivista. Concordaremos com o filósofo brasileiro Ivan Domingues (1996: 218), que ainda percebe em historicistas como Ranke, Boekl e Niebuhr um "positivismo difuso que acompanha as suas obras". O Historicismo em construção, poderemos acrescentar, ainda conta nos primeiros momentos de sua formação com traços e atitudes quase positivistas. Mas já é certamente algo novo, animado pelo desejo de captar o homem e a sociedade em movimento, e de perceber cada coisa em sua singularidade. Retornaremos a isto.

sobre o Homem – percebido como uma natureza imutável, pelos positivistas, e como um ser em movimento e em processo de diferenciação, pelos historicistas. De outro lado, os dois paradigmas também se opõem precisamente no que se refere ao papel da objetividade e da subjetividade na produção do conhecimento histórico. Aferrados a um modelo cientificista que procura aproximar ou mesmo fazer coincidir os modelos das ciências naturais e das ciências sociais e humanas, os Positivistas tendem a enxergar a subjetividade – do mundo humano examinado, mas também do historiador – como um problema para uma história que postula ocupar um lugar entre as demais ciências. Em contrapartida, os historicistas, que construirão seus posicionamentos em torno desta questão ao longo das várias décadas do século XIX, tenderão no limite a enxergar a subjetividade não como um problema, mas sim como uma inestimável riqueza, ou mesmo como aquilo que precisamente permite à História constituir-se em um conhecimento de novo tipo, dotado de uma especificidade própria. Haverá também, no arco historicista, os que, reconhecendo-a, buscam controlar a subjetividade, impor-lhe limites; e por isso, conforme veremos oportunamente, é possível identificar tanto uma vertente historicista que no limite pode ser qualificada como um "historicismo realista", como uma vertente historicista que poderemos definir como um "historicismo relativista". De qualquer maneira, os maiores nomes entre os historicistas das últimas décadas do século XIX, que estendem sua contribuição para uma continuidade com os historicistas do século XX, chegam a realizar efetivamente a virada relativista, e a lidar com a subjetividade (inclusive a

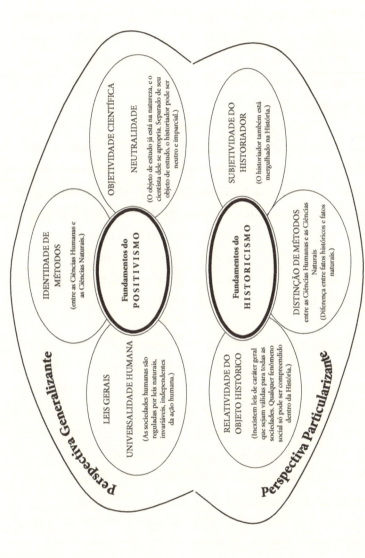

Quadro 2. Paralelo comparativo entre Positivismo e Historicismo

do próprio historiador) como algo que não compromete a cientificidade do trabalho historiográfico. Em vista disto, será fundamental para estes historicistas opor o paradigma explicativo das Ciências Naturais (e reivindicado pelos positivistas) ao paradigma da *Compreensão*, aspecto que é operacionalizado de maneiras distintas por alguns historicistas quando contrapostos entre si.

O "Quadro 2", ao qual voltaremos oportunamente, busca sintetizar visualmente o contraste entre Positivismo e Historicismo a partir das três questões fundamentais que se referem à maneira como se concebe o objeto histórico, aos métodos empregados e à posição do historiador frente ao seu campo de conhecimento. Por ora, será oportuno recolocarmos a contextualização sociopolítica específica dos dois paradigmas – historicista e positivista – antes de passarmos a um estudo mais específico de alguns casos que ilustrem as posições descritas. De igual maneira, será interessante examinarmos o deslocamento da era das filosofias da história – grandes constructos geralmente elaborados pelos filósofos sobre a natureza e o sentido último da história – para a nova era das teorias da história, nas quais a historiografia já se apresenta amparada em pretensões científicas. Desde já, é importante ressaltar que esta passagem das filosofias da história para as teorias da História é muito tênue, por vezes eivada de ambiguidades. Não raro correntes já historiográficas afirmaram sua pretensão de elaborarem uma história científica, depurada de toda filosofia, e foram depois acusadas por outras correntes que as sucederam de ocultarem na verdade filosofias da história, precisamente aquilo que alguns de seus historiadores declaravam ter superado. Na verdade, a relação entre historiografia e filosofia é muito íntima, e, a não ser que se pretenda elaborar uma história meramente factual e descritiva – o que de resto é rejeitado nos dias de hoje – pode-se dizer que a historiografia em sentido moderno ampara-se necessariamente em uma Teoria da História e, por que não dizer, em uma Filosofia da História, que corresponde à especulação dos historiadores sobre o seu próprio ofício.

II | Positivismo

1 As filosofias da História que preparam o Positivismo

O Positivismo do século XIX, conforme já havíamos ressaltado, herda seus traços centrais do Iluminismo do século XVIII, e neste sentido será importante fazermos um pequeno recuo para compreender as raízes deste novo paradigma que será o Positivismo. O principal dos traços herdados do Iluminismo é certamente a ambição de encontrar "leis gerais", ou os "padrões" que a multiplicidade e diversidade da experiência histórica poderiam encobrir. Alguns dos filósofos iluministas, como o Barão de Montesquieu (1689-1755)[37], eram de fato obcecados em coletar exemplos desta diversidade humana que se apresentava nas variadas culturas e sociedades, mas nem por isso deixavam de ambicionar a busca de uma universalidade que pudesse ser perceptível por trás da multiplicidade humana:

> Acima de tudo, considerei a humanidade, e o resultado dos meus pensamentos foi que, no meio de uma diversidade infinita de leis e usos, estes não se nortearam exclusivamente pelo capricho da imaginação. Estabeleci os primeiros princípios e descobri que os casos particulares decorrem naturalmente

---

37. Charles-Louis de Secondat, o Barão de Montesquieu, nasceu em uma família aristocrata francesa em 1689, e faleceu em Paris em 1755. Sua contribuição mais notória ao pensamento iluminista refere-se às reflexões voltadas para uma teoria sobre a separação entre os três poderes. Entre os iluministas, foi um crítico bastante irônico em relação à monarquia absoluta e ao clero católico. Sua formação, dirigida a estudos sobre o Direito Romano, Biologia, Geologia e Física, mostra bem claramente o padrão do erudito do século XVIII, particularmente preocupado em unir as ciências naturais e os estudos sobre questões sociais e humanas. Entre as suas obras de maior êxito de público, iremos encontrar as *Cartas persas* (1721), uma mordaz sátira dirigida contra os costumes franceses, contra as instituições políticas vigentes no sistema absolutista, e mesmo contra a filosofia europeia, sendo que esta arguta crítica é posta em movimento através de dois personagens imaginários – dois viajantes persas em Paris – que enviam correspondências sobre a França para seus conhecidos na Pérsia. Outra obra de destaque produzida por Montesquieu foi um ensaio de reflexão historiográfica intitulado *Considerações sobre as causas da grandeza dos romanos e de sua decadência* (1734). Mas é com *O espírito das leis* (1748) – obra que chegou a ser incluída pela Igreja Católica no seu Índex de obras proibidas – que se notabiliza definitivamente, precisamente através das reflexões sobre a separação entre os três poderes (Legislativo, Executivo, Judiciário), o que consistia em uma crítica direta à concentração de poderes através da Monarquia Absolutista. Nesta cuidadosa obra de análise social e jurídica que abarca também uma dimensão de reflexão historiográfica, destaca-se já um notável rigor metodológico.

deles; e que cada lei particular está relacionada com outra lei ou depende de outra de alcance mais geral (MONTESQUIEU. *O espírito das leis*, 1748).

É a mesma obsessão em identificar os elementos primordiais que constituiriam, por trás da diversidade, a propalada "uniformidade da natureza humana", o que iremos encontrar no filósofo escocês David Hume (1711-1776)[38]. Em 1739 ele já havia escrito um *Tratado da Natureza Humana* que, sintomaticamente, apresenta-se como "tentativa de introduzir o método experimental de raciocínio nos assuntos morais"[39]. Para a História, ele contribuiria com seu esforço de elaborar em seis volumes uma monumental *História da*

---

38. David Hume viveu em Edimburgo (Escócia) entre 1711 e 1776. O "utilitarismo" proposto por sua filosofia iria influenciar autores posteriores, como Jeremy Bentham (1748-1832). Com a *História natural da religião* (1757), lança bases de uma reflexão que hoje poderia ser tida como uma "sociologia da religião", e nesta obra critica a ideia de que o politeísmo consistiria em uma forma religiosa primitiva que tenderia a evoluir para o monoteísmo ("teoria da oscilação" entre o monoteísmo e o politeísmo). No âmbito da História, produziu a monumental *História da Inglaterra* (1754-1762). De igual maneira, escreveu em torno de áreas tão diversas como a metodologia científica e a Ética – do que pode nos dar exemplo o *Tratado da Natureza Humana* (1739-1740) e a *Investigação sobre os princípios da moral* (1751). De modo geral, a obra de David Hume é atravessada pela preocupação de implantar nas ciências morais a metodologia experimental encaminhada por Isaac Newton no domínio da astronomia e da física. Sua última obra publicada foi uma *Autobiografia* (1777).

39. O *Tratado da Natureza Humana* (1739), de David Hume, constitui um esforço monumental de decifrar o que na condição humana seria "natural" ou "artificial". Assim, a "simpatia" – principal fonte das distinções morais (HUME, 2009: 657) – é apresentada como um "princípio poderoso da natureza humana" (2009: 617). Já "o sentido de justiça não deriva da natureza" (HUME, 2009: 524). Mas, enfim, os "sentimentos morais" estariam presentes em todas as sociedades, e "nunca houve, uma única nação, uma só pessoa que fosse inteiramente desprovida de tais sentimentos" (HUME, 2009: 614).

Inglaterra (1754-1762). Em *Inquéritos sobre o entendimento humano* (1777) ele registra as seguintes palavras:

> A humanidade é de tal modo a mesma, em todas as épocas e lugares, que a história não nos informa de nada de novo ou estranho a este respeito. A sua utilidade principal é apenas a de descobrir os princípios constantes e universais da natureza humana, mostrando-nos os homens em todas as variedades de circunstâncias e situações e fornecendo-nos os materiais que nos permitem formar as nossas observações e travar conhecimento com as causas primárias e regulares da ação e do comportamento humanos (HUME. *Enquiries*, 1777, post)[40].

A obsessão pela ideia de uma unidade, generalizável para todas as sociedades humanas, podia levar alguns iluministas a simplesmente descartar as evidências mais incômodas acerca da alteridade radical que podia ser encontrada entre

---

40. Também Voltaire (1694-1778), no *Ensaio sobre os costumes e o espírito das nações (1756)*, menciona esta natureza humana "cujo âmago é em todo o lugar o mesmo" (VOLTAIRE, 1963: 314). Assim mesmo, iremos encontrar na *História de Carlos XII* (1730) este trecho, que lembra a autoconsciência histórica que seria desenvolvida pelos historicistas: "É preciso, ao ler-se uma história, ter-se em conta a época em que o autor a escreveu. Quem lesse apenas o cardeal de Retz, tomaria os franceses por seres furiosos, respirando somente a atmosfera da guerra civil, do faccionismo e da loucura. Quem lesse somente a história dos belos tempos de Luís XIV diria: os franceses nasceram para obedecer, para vencer e para cultivar as artes. O que só lesse as memórias dos primeiros anos de Luís XV notaria em nosso país apenas a indolência, uma avidez extrema de enriquecer-se e indiferença absoluta por tudo o mais. Os espanhóis de hoje não são os espanhóis de Carlos V, mas podem voltar a sê-lo dentro de alguns anos. Os ingleses de hoje já não se assemelham aos fanáticos de Cromwell, assim como os monges e os *monsignori* de que Roma está povoada não se parecem com os Cipiões" (VOLTAIRE, 1957: 56). Cf. Lopes, 2003, p. 36.

sociedades distintas, o que mostra mais uma vez que uma determinada "visão de mundo" pode também obstruir ou distorcer o olhar do pesquisador. Michèle Duchet cita na sua *Antropologia de Voltaire* (1995: 310) uma ilustrativa passagem deste filósofo ilustrado, que também é retomada por Marcos Antônio Lopes em seu estudo sobre o *Voltaire historiador* (2001: 75). Ao tornar a se informar sobre o relato de um viajante, no qual este afirmara que "um rei em Cochin transmite seu poder ao filho de sua irmã, e não a seu primogênito", Voltaire tende a duvidar do relato como uma "fábula de viajantes". Para o filósofo ilustrado, "uma tal regra contraria demasiado a natureza; não há homem, absolutamente, que queira excluir seu filho de sua herança"[41]. Voltaire, deste modo, acompanha a tendência universalizadora predominante entre os europeus do século iluminista.

Ao lado das considerações sobre a uniformidade e universalidade da natureza humana, a convicção de que era possível apreender uma lógica por trás da diversidade histórica era o outro alicerce do Iluminismo que se projetaria mais tarde nas pretensões positivistas de decifrar as leis universais do desenvolvimento das sociedades humanas. Immanuel Kant (1724-1804), filósofo iluminista que se ocupará de elaborar a sua própria filosofia da história, já sustentava o pressuposto de que a história deveria ser examinada sob o duplo

---

41. Passagens como esta contradizem, obviamente, o comentário do próprio Voltaire citado na nota anterior. Duchet acrescenta seu próprio comentário à passagem de Voltaire: "é-lhe mais fácil admitir os erros e as loucuras do espírito humano, os excessos da superstição e os furores do despotismo do que colocar em xeque a ideia de uma moral universal" (DUCHET, 1995: 311; LOPES, 2001: 75).

prisma da racionalidade e universalidade. Em *Ideia de uma História Universal sob o ponto de vista cosmopolita* (1784), o filósofo alemão já argumentava que, por um lado, a História deveria abarcar toda a humanidade, constituindo-se em "história universal e geral". Por outro lado, seu objetivo deveria ser o de favorecer a decifração dos "desígnios secretos da natureza", da racionalidade que se ocultava por trás das ações aparentemente individualistas, e por vezes insensatas, dos seres humanos.

A racionalidade da natureza, segundo Kant, estaria sempre pronta a reciclar em favor do bem coletivo e do progresso da humanidade as ações interesseiras e individualistas dos homens. Assim, a vaidade humana produziria a inveja competitiva, e das ações de dominação geradas por esta punha-se em movimento o próprio progresso da humanidade, ultrapassando-se a preguiça natural que teria conservado a humanidade estabilizada em um estado primitivo, caso este processo não se desenrolasse. De igual maneira, se a avareza e a ambição de enriquecimento pessoal geravam a "busca do ganho", esta terminava por gerar o comércio, que se tornaria fundamental para ampliar os intercâmbios humanos e favorecer desenvolvimentos materiais como os transportes e os eficientes sistemas de organização escriturária. Haveria, então, um plano secreto da Razão por trás das ações humanas aparentemente mais mesquinhas: da vaidade pessoal de terem seus nomes lembrados surgiriam nas pessoas os atos beneméritos e a fundação de hospitais e asilos; através das guerras, as civilizações entrariam em contato. A ambição e a cobiça, deploráveis em si mesmas, haviam sido no entanto necessárias para que a humanidade pudesse ter dado seus primeiros passos em direção à cultura. Tudo tinha a sua finalidade, e cabia ao historiador ou ao filósofo da história decifrá-la, recuperar aquele sentido oculto e coletivo por trás do que era aparentemente desordenado, gratuito, voluntarioso. Especificamente para Kant, era um bem concatenado jogo entre a "discórdia e a concórdia" – no contexto da concorrência entre homens que, em última instância, dependiam uns dos outros – o que se apresentava como o principal instrumento do qual se valia a Razão (a Natureza) para urdir os desenvolvimentos históricos com vistas a uma racionalidade, a um fim último que terminaria por beneficiar toda a humanidade[42]. Este antagonismo entre "concórdia e discórdia" é, portanto, elevado por Kant ao estatuto de uma lei geral que rege os desenvolvimentos humanos, e na "quarta proposição" de seu ensaio ele enuncia uma frase emblemática: "O homem quer a concórdia, mas a natureza sabe mais o que é melhor para a espécie e quer a discórdia".

O essencial da argumentação desenvolvida por Kant reside em mostrar que os indivíduos, imersos no movimento histórico, estariam sempre perseguindo a realização de seus propósitos particulares sem perceber que, na verdade, estariam a cada momento colaborando para um propósito da natureza. Mesmo o que é aparentemente perverso termina por adquirir um sentido, quando examinado em uma pers-

---

42. A história, para Kant, avançava na direção do "melhor", como ficará claro no ensaio *O conflito das faculdades* (1798). De igual maneira, também em *Antropologia de um ponto de vista pragmático* veremos se referir ao "progresso contínuo em direção ao melhor" (7, 324).

pectiva histórica mais ampla. Assim, ainda que sob a aparência da gratuidade, as ações humanas seriam determinadas por leis universais, e rigorosamente falando a Natureza nunca produzia nada que fosse supérfluo, lançando mão de todos os meios e fins para atingir os seus objetivos últimos que correspondiam à adequada condução da humanidade em direção à racionalidade plena. A função do filósofo que se ocupa da história, portanto, seria precisamente a de encontrar um "fio condutor" que explicasse a história dos homens. Pensava ele que, ao se preparar com a Filosofia da História o caminho da percepção desta História Universal, o passo seguinte da Razão seria o de encarregar alguém de escrever essa história de acordo com o fio condutor decifrado pelo filósofo. Conforme se vê, Kant não pretendeu tomar a si a tarefa historiográfica, mas apenas prepará-la racionalmente através de sua filosofia da história.

Aspecto importante da filosofia da história proposta por Kant era a contraposição entre o indivíduo e a espécie humana. A Razão, na verdade, dificilmente se poderia realizar plenamente nos indivíduos, tomados isoladamente; mas poderia, sim, realizar-se na espécie humana, como totalidade. Um desdobramento interessante, de modo a conciliar as deficiências morais do indivíduo com as necessidades da espécie, seria o de que fosse desenvolvida em cada sociedade uma constituição civil adequada e, mais ainda, que no futuro se chegasse a uma Confederação das Nações na qual mesmo o menor e mais frágil dos estados pudesse ser amparado pela segurança e benefício do Direito. Até o dia em que se pudesse atingir este fim, a Natureza valia-se do artifício das guerras –

na verdade esforços humanos de aprimoramento nas relações internacionais, tentativas de estabelecer relações entre os Estados, visando o secreto desígnio da Natureza de atingir-se um dia a paz que poderia ser proporcionada por uma Federação das Nações. Estes são apenas alguns exemplos em torno da formulação kantiana de que os antagonismos que são impostos à espécie humana correspondem na verdade a uma Lei Geral que rege a história universal do homem.

As filosofias da história haviam começado a aparecer, no decorrer do século XVIII, a partir da introdução do gênero por Voltaire, que escreverá a sua primeira versão de uma *Filosofia da História* em 1767, e mais tarde uma outra, como prólogo a uma das edições de *Ensaio sobre os costumes e o espírito das nações* (original: 1756). A partir daí, conforme vimos em capítulo anterior (vol. 1, cap. II), outros filósofos iluministas tomariam para si esta temática, como foi o caso de Immanuel Kant no ensaio já discutido. Contudo, surgiria em 1774 uma filosofia da história bastante singular: a primeira filosofia da história que se opõe mais claramente àquela perspectiva universalista que começava a ser amplamente difundida pelos filósofos iluministas. Denomina-se "Romantismo" a esta vertente que começa a fazer a crítica da Razão Iluminista já na sua própria época (sobretudo a partir das últimas décadas do século XVIII), e que se estenderá pelo século XIX, adquirindo ainda maior força. Ao contrário da perspectiva universalista do Iluminismo, os românticos desenvolvem uma perspectiva particularizante – seja valorizando a singularidade das localidades e povos específicos, seja ressaltando a singularidade de cada indivíduo. A ideia de uma Razão Universal lhes parecia estranha, e neste sentido os filósofos românticos passavam a dar novos cursos às intuições pioneiras de Giambattista Vico, um filósofo italiano que já em 1725 clamava contra as leituras anacrônicas da História, recomendando a consciência de que "mesmo a Razão é histórica" como único antídoto para esta desfiguração que consistia em tentar compreender uma outra época a partir das tábuas de valores atuais.

É com alguma ironia que Herder (1744-1803) intitula sua obra como *Mais uma Filosofia da História* (1774)[43]. Pretendia mostrar, de alguma maneira, que a pretensão à universalidade na história era inócua, e que consistia em grosseira transfiguração a redução da grande variedade humana e de processos históricos a casos particulares de leis universais. Ademais, a pretensão de que um historiador podia tomar a sua própria época como "medida de todas as coisas", de modo a amoldar a uma fôrma única as diversas épocas e sociedades – cada uma delas dotada de suas próprias singularidades

---

43. Johann Gottfried Herder (1744-1803), filósofo alemão de formação religiosa que viveu na Prússia entre 1744 e 1803, é habitualmente classificado nos quadros do (pré-)romantismo setecentista. Entre as "notas de influência" que se mostram presentes em seu acorde teórico, podemos encontrar a filosofia de Espinosa (1632-1677); por outro lado, Herder influenciaria, em contrapartida, o movimento alemão pré-romântico que se tornou conhecido como *Sturm und Drang* ("Tempestade e ímpeto"). A atenção de Herder à particularidade de cada povo o coloca como um precursor das preocupações relativistas do realismo historicista que iria dominar a historiografia no século XIX, e, já nos seus *Fragmentos sobre a Literatura Alemã Moderna* (1766-1767), Herder enfatizava a singularidade do "gênio literário de uma nação", associando-o ao "gênio de sua língua". Estas ideias, e outras atentas aos particularismos nacionais, serão aprimoradas nas obras posteriores: *Ensaio sobre a origem da linguagem* (1772), *Mais uma Filosofia da História para a educação da humanidade* (1774), e *Ideias sobre a Filosofia da História da humanidade* (1784-1791).

e riquezas culturais – parecia ao filósofo alemão um gesto de suprema arrogância. Com seu reconhecimento de que tudo é histórico, a começar pelas sociedades examinadas pelos historiadores, Herder estava antecipando uma perspectiva particularizante que logo seria abarcada pelo Historicismo, já no século XIX. Neste aspecto em particular, há grandes afinidades entre os Românticos e os Historicistas. O que os diferencia, contudo, é o Método. Se o Historicismo iria desenvolver um rigoroso método de crítica da documentação histórica como base para trazer cientificidade às reconstituições históricas, os românticos preconizavam um método baseado na empatia e na intuição:

> A fim de sentirdes a natureza integral da alma que reina em cada uma das coisas, que, servindo-se de si própria como modelo, modela todas as outras tendências e todas as outras faculdades espirituais, e matiza mesmo as ações mais triviais, não limiteis a vossa resposta a uma palavra, mas penetrai profundamente neste século, nesta região, nesta história inteira, mergulhai em tudo isto e senti tudo isto dentro de vós próprios – só então estareis em situação de compreender, só então desistireis da ideia de comparar cada coisa, em geral ou em particular, com vós próprios. Pois seria estupidez manifesta que vos considerásseis a quinta essência de todos os tempos e de todos os povos (HERDER. *Mais uma Filosofia da História*, p. 182).

De todo modo, a Filosofia da História particularizante proposta por Herder seria ainda uma exceção neste gênero, ao menos na maior parte do século XVIII. Em sua época, a perspectiva universalista ainda estava em pleno florescimento, e novas contribuições de acordo com o modelo iluminista continuariam surgindo, até que as filosofias da história encontrassem o seu ápice com Friedrich Hegel (1770-1831), um filósofo alemão do século XIX ao qual retornaremos ainda uma vez, quando abordarmos as influências presentes no Materialismo Histórico. Já vimos em outro momento que Hegel foi não apenas responsável por escrever mais uma filosofia da História, como também por colocar em prática a primeira realização de uma História Universal, esta que era o produto preconizado pelos filósofos iluministas da história e também pelo próprio Hegel, um pensador que já vive o período pós-revolucionário da Ilustração. As suas *Lições sobre a Filosofia da História Universal*, publicadas em 1830, tanto estabelecem uma reflexão filosófica sobre a história, como haviam feito os filósofos iluministas da geração que o precedera, como também já intentam realizar esta História Universal na prática. Ali ele explica a História como "marcha da Razão", bem à maneira iluminista, e sustenta que não são mais do que faces desta mesma razão a multidiversificação que poderia ser encontrada em todos os povos com seus respectivos desenvolvimentos históricos. Existiria uma espécie de "vontade divina", uma "Razão que rege o mundo", por trás do incessante movimento histórico, que Hegel compreenderá a partir de uma perspectiva dialética que discutiremos mais adiante. Essa razão, contudo, não deve ser em Hegel entendida como uma perspectiva teológica, à maneira das antigas historiografias cristãs que teriam seu auge no século XVII. A Razão não governaria o mundo de maneira arbitrária, pontuando a sua história com milagres. Ao contrário, haveria uma racionalidade a ser percebida, uma lógica interna ao desenvolvimento do mundo humano, da qual os milagres estariam necessariamente excluídos. O Real, para Hegel, é Racional. E o Racional é Real.

Apesar de seu laborioso trabalho, que buscou examinar em uma perspectiva racionalista os mundos oriental, greco-romano e germânico, a obra foi recebida como trabalho de um filósofo que buscava ilustrar sua filosofia da história específica, através da descrição da aventura do Espírito Absoluto em sua marcha rumo à liberdade. Uma vez que, à altura da publicação de sua obra, já havia sido bem estabelecido o lugar profissional do historiador como um especialista que deve se dotar de uma formação específica, a comunidade dos historiadores não recebeu a obra como um produto propriamente historiográfico. Por outro lado, ela foi o ponto de partida para que inúmeros historiadores se lançassem à tarefa de elaborar monumentais "histórias universais", na verdade histórias ainda nacionais, embora ampliadas de acordo com a perspectiva eurocêntrica. Estas histórias universais, um novo gênero que então se estabelece, competirão em alguma medida com as "histórias nacionais", embora as últimas tivessem a seu favor o investimento dos grandes estados nacionais que estavam diretamente interessados em utilizar a prática historiográfica para edificar a memória nacional.

2 Do Iluminismo Revolucionário ao Positivismo Conservador

A perspectiva universalista, e a busca por leis gerais que estariam por trás do desenvolvimento das sociedades humanas, apresentam uma continuidade do pensamento Iluminista predominante no século XVIII em relação ao Positivismo do século XIX, a começar pela obra de Augusto Comte (1798-1857). Contudo, é particularmente importante, para percebermos a essência do pensamento positivista da primeira hora, considerar que esta passagem de modelo iluminista ao modelo positivista envolveu uma reapropriação conservadora das ideias ilustradas, que tinham desempenhado um papel importante no contexto revolucionário francês[44]. Homens como o matemático iluminista Condorcet (1743-1794), que viveram intensamente o clima da França Revolucionária, postulavam o objetivo científico de encontrar "leis gerais, necessárias e constantes", que fossem válidas para a humanidade como um todo, como uma maneira de libertá-la tanto dos grilhões de ignorância como das opressões políticas e sociais impostas pelo Antigo Regime – esta amálgama que unia os interesses do Estado Absolutista, da Nobreza com seus privilégios, e dos setores mais conservadores da Igreja da época, com seu obscurantista apoio ao sistema. Condorcet, que acreditava na possibilidade de que

---

44. Sobre os aspectos conservadores do Positivismo, cf. o artigo escrito para o *American Journal of Sociology* por Robert Nisbet (1913-1996) com o título "Conservatism and Sociology" (1952).

fosse desenvolvida uma "matemática social" com vistas à aplicação do cálculo das probabilidades às ciências sociais, assim se expressava sobre os ganhos sociais que poderiam advir de um empreendimento como este:

> [o estudo dos fatos sociais] foi abandonado ao acaso, à avidez dos governos, à astúcia dos charlatães, aos preconceitos ou aos interesses de todas as classes poderosas [A aplicação do novo método] permitirá seguir, nas ciências da sociedade, um caminho quase tão seguro quanto o das ciências naturais (CONDORCET, 1966: 211-212).

A ambição de construir uma ciência das sociedades que fosse tão neutra como a física ou como pareciam ser as ciências naturais vincula-se, em autores ligados ao Iluminismo revolucionário como Condorcet, à ideia de derrubar aquele antigo regime no qual a parcialidade no conhecimento parecia ligar-se essencialmente aos interesses dos grupos sociais dominantes: a sustentação política da Monarquia Absoluta, os privilégios de uma Aristocracia encarada sob o prisma do "parasitismo social", e as superstições teológicas e hierarquizações sociais difundidas pelo Alto Clero. Assim, por exemplo, os antigos "argumentos de autoridade", invocados pela Igreja desde a Escolástica como índices fundamentais para trazer legitimidade às afirmações científicas e filosóficas, passavam a ser veementemente contestados pelos iluministas como parcialidade obscurantista, como atitudes não científicas que deveriam ser superadas para o estabelecimento de uma humanidade livre guiada pela Razão. A Ciência, para os filósofos iluministas, deveria amparar ou desenvolver argumentações não em torno de "argumentos de autoridade" ou de afirmações baseadas em revelações de natureza teológica, mas sim através do uso do raciocínio lógico, da demonstração empírica, da experiência verificável, do cálculo, da incorporação do método cartesiano da dúvida, da utilização sistemática do método empírico inaugurado por Francis Bacon (1561-1626). Nesta perspectiva, a ideia de uma imparcialidade científica surge explicitamente como um discurso revolucionário[45].

É claro que – à parte o fato já de si complexo de incluir diversas correntes internas – o Iluminismo não é só revolucionário. A seu tempo, em algumas questões mais específicas, o próprio pensamento iluminista também revelaria seus limites conservadores. Isto se dá porque a burguesia, base social da sustentação do pensamento ilustrado, pode ser compreendida neste período simultaneamente como uma classe revolucionária – interessada em libertar a sociedade como um todo das amarras feudais do Antigo Regime e das restrições mentais impostas pela Igreja – e como também

---

45. Uma continuidade em relação a este mesmo discurso será trazida na geração seguinte por Saint Simon, um dos socialistas utópicos alvejados por Karl Marx e Friedrich Engels em obras posteriores. Se Condorcet utilizara a metáfora da "matemática social", Saint Simon conceberá as ciências da sociedade ou como uma espécie de "fisiologia social", ou como uma "física social". A assimilação dos métodos das ciências humanas aos métodos e padrões das ciências físicas ou naturais é bastante clara em Saint Simon, para quem "não existe fenômeno que não possa ser observado do ponto de vista da física dos corpos brutos ou do ponto de vista da física dos corpos organizados, que é a fisiologia" (SAINT SIMON, 1876: 284) [original: 1813]. De igual maneira, o cientista social deveria se colocar em posição tão neutra como a de um botânico que examina os fenômenos naturais.

uma classe disposta, pelo menos nos seus setores economicamente mais privilegiados, a instituir um novo padrão de dominação política e social. Estes limites da burguesia revolucionária francesa ficam mais ou menos claros quando, a certa altura do processo revolucionário iniciado em 1789, começam a ser reprimidos os setores revolucionários mais à esquerda, que já começavam a colocar em xeque valores como o da "propriedade privada". A própria *Declaração de Direitos do Homem*, aliás, expressa com clareza a dimensão revolucionária e os limites conservadores da Revolução. Vale lembrar ainda que outro limite ideológico do Iluminismo era o seu eurocentrismo, já que seus pensadores concebiam as sociedades europeias como a parte mais avançada da humanidade e, na verdade, como um modelo a ser atingido por todas as outras[46].

De todo modo, para a questão que nos interessa, o Iluminismo representou de fato uma revolução significativa no

---

46. O eurocentrismo, e também a discriminação de certos setores da população, já vinham de longe. John Aubrey (1626-1697), escritor inglês da segunda metade do século XVII, discriminava os povos de origem celta frente aos romanos e aos anglo-saxões de origem germânica. Via os camponeses, "atrasados e aferrados a terra", como descendentes daqueles primeiros habitantes da Inglaterra, e atribuía todos os aspectos de civilização que tinham conseguido assimilar a dádivas recebidas dos romanos e anglo-saxões que os dominaram. No século XVIII, um historiador jesuíta chamado Lafiteau (m. 1740), ao estudar os iroqueses do Canadá, neles veria o grau de cultura que um dia tiveram os atenienses clássicos, da época de Péricles. Considerava-os quase ultrapassando a barbárie, e portanto superiores a povos "atrasados" como os aborígenes do Novo Mundo, mas de outra parte bastante atrasados em relação aos europeus (BODEI, 2001: 30). Mesmo o revolucionário Condorcet, que participaria ativamente da Revolução Francesa, estabelecera uma concepção do desenvolvimento histórico em degraus, acreditando que os europeus estavam já vivendo a passagem do penúltimo para o último degrau.

que concerne às possibilidades de estudo científico das sociedades humanas. O contexto que acompanharia a passagem deste discurso iluminista revolucionário sobre as ciências da sociedade a um discurso conservador que seria o do Positivismo no século seguinte será o do assentamento da burguesia, após as posições conquistadas pela Revolução, e reajustadas depois do período da Restauração pós-napoleônica na sociedade industrial europeia[47]. Na França, ainda haveria reajustes com as revoluções de 1830 e de 1848, e em outros países da Europa se desenrolariam processos análogos, envolvendo movimentos sociais ou não, nos quais as sociedades europeias como que se reajustam às conquistas burguesas, mas incluindo também algumas concessões a persistências aristocráticas e eventualmente monárquicas[48].

---

47. Por outro lado, é importante lembrar os limites da burguesia no próprio período revolucionário. Sobre isto, são oportunos os comentários de Josep Fontana: "A transformação do burguês num revolucionário que lutou pela liberdade de todo "o terceiro estado" é, por sua vez, uma invenção burguesa, desenvolvida pelos historiadores da Restauração e, especialmente, por Guizot" (FONTANA, 2001: 364).

48. A Restauração, após a derrota de Napoleão, havia reintroduzido na França a dinastia pré-napoleônica através do reinado de Luís XVIII (1814-1824) e Carlos X (1824-1830). Este último decidira confiar a chefia do governo ao Príncipe Polignac, que, com a publicação das Ordenanças de Julho, suprime a liberdade de imprensa e impõe outras medidas autocráticas, terminando por provocar as Barricadas de Paris em 1830. O movimento será bem-sucedido e levará ao poder a Monarquia de Julho, com a entrega do trono a Luís Felipe I, monarca que ficou conhecido como "rei burguês" e que tinha o apoio dos financistas. Mais tarde, ocorrerá o movimento revolucionário de 1848, que institui entre 1842 e 1852 a Segunda República. Nas eleições ali instituídas, seria eleito Luís Napoleão Bonaparte, um sobrinho de Napoleão que mais tarde, ao final de seu mandato, encaminharia um golpe de estado declarando-se imperador. É este processo que Marx chama ironicamente de *O 18 brumário de Luís Bonaparte*, no livro escrito com este título em 1852, e que alude a uma espécie de caricatura histórica do golpe que Napoleão Bonaparte havia desfechado contra a Primeira República ao fim da Revolução Francesa.

3 O Positivismo na sua forma mais pura

O Positivismo iria acrescentar, ao ideal iluminista de Progresso, o conceito de Ordem[49]. Seu objetivo será a "conciliação de classes", maneira de acobertar, para utilizar a expressão marxista, a "dominação de classe" empreendida pelas classes industriais[50]. O seu fundador e representante maior na França oitocentista será Augusto Comte (1798-1857), que voltará a insistir em antigos postulados iluministas, mas agora já partindo de uma perspectiva claramente conservadora, na equiparação entre os métodos das ciências naturais e sociais, na afirmação literal da rigorosa neutralidade do cientista social, e na busca de leis gerais e invariáveis que regeriam as sociedades humanas. É de fato Augusto Comte quem inaugura a utilização deste sistema "positivo", que já vinha sendo proposto por alguns dos últimos iluministas revolucionários, agora com vistas à defesa da ordem estabelecida. Literalmente, Comte fará agora "apelos aos conservadores" (1855: 4), e enxergará seus precursores iluministas sob o

---

49. Sobre os desenvolvimentos do conceito de "progresso" desde o século XVIII, cf. Nisbet, 1985.

50. É também interessante observar que, ao mesmo tempo em que o Positivismo francês faz esta passagem de uma contribuição iluminista que era revolucionária para seus próprios objetivos conservadores, na Inglaterra está ocorrendo a passagem da Economia Política Clássica – com nomes como o de Adam Smith e Ricardo – para o que Marx chamará de "Economia Política Vulgar", uma nova corrente dentro da Economia Política que já representa claramente o ponto de vista da burguesia assentada no poder – uma economia política que teria perdido a cientificidade e se tornado inteiramente ideológica, segundo Marx (LÖWY, 1995: 99).

prisma de que a visão daqueles era obscurecida por "preconceitos revolucionários" (LÖWY, 1994: 22)[51]. Com isto, surge um novo sistema, o Positivismo, que se converterá em um dos grandes paradigmas para as ciências da sociedade no século XIX.

Conforme assevera George Lichtheim em seu artigo sobre o "Conceito de Ideologia", publicado na revista *History and Theory* (1965), o generoso otimismo do Iluminismo converte-se aqui em uma "atitude apreensiva que visa assegurar a conservação da estabilidade social" (LICHTHEIM, 1965: 169; LÖWY, 1994: 22). Estes deslocamentos da antiga filosofia iluminista, que antes incluía claras perspectivas de transformações da sociedade, para uma nova proposta positivista que agora defenderia a conservação das hierarquias sociais de sua época, foram bem analisados, dentre outros autores, pelos filósofos e cientistas sociais ligados à chamada Escola de Frankfurt. Herbert Marcuse (1898-1979), por exemplo, aborda esta passagem em seu ensaio *Razão e revolução* (1960: 342). Já Walter Benjamin (1892-1940), nas suas *Teses sobre o conceito de história*, publicadas postumamente,

---

51. No capítulo sobre o Positivismo de seu ensaio intitulado *As aventuras de Karl Marx contra o Barão de Münchhausen* (1987: 23), Michael Löwy faz notar os deslocamentos no uso do conceito de "preconceito", na passagem do Iluminismo crítico de Condorcet e Saint Simon ao Positivismo conservador de Augusto Comte. Enquanto em Condorcet a expressão era utilizada para designar as doutrinas estagnadas do Antigo Regime, com Comte a palavra "preconceitos" passa a ser dirigida contra "o pensamento utópico-crítico do Iluminismo" (LÖWY, 1965: 23). Em um caso, o "preconceito" constituía um entrave ao progresso social e à realização da liberdade humana, em outro caso, a noção de preconceito passa a indicar os arroubos revolucionários que impedem a descoberta das leis sociológicas que permitiriam assegurar uma harmoniosa estabilidade social.

denunciará o grande engodo que, para as classes não dominantes da sociedade industrial, teria sido trazido com a concepção mecanicista do progresso redimensionada de acordo com uma visão de mundo evolucionista.

Encaminhando uma arguta análise deste último manuscrito de autoria de Walter Benjamin, Josep Fontana argumenta em *A história dos homens* (2000: 473-474) que o conceito de progresso teria tido uma função crítica até a Revolução Francesa. Contudo, com o assentamento da burguesia em suas posições conquistadas, esta teria favorecido a ideia de que o progresso realiza-se automaticamente, para o que teria ainda concorrido mais tarde a doutrina da "seleção natural" em suas aplicações às ciências sociais e humanas. A burguesia, de acordo com Benjamin, teria desnaturalizado o progresso com sua nova conotação mecanicista, e isto implicara sua despolitização, no convite à inação.

A reinterpretação do Progresso exclusivamente em função de avanços da tecnologia seria a chave para explicar esta despolitização que a burguesia industrial agora buscava impor às classes trabalhadoras. De um lado, a crença de que a humanidade avança inexoravelmente para um mundo melhor, a partir dos progressos tecnológicos que vão acontecendo naturalmente, convidaria a que se refreasse o ímpeto revolucionário e autorizaria os seres humanos pertencentes às classes menos favorecidas a "esperarem as coisas acontecerem"; de outro lado, o culto ao Progresso – na verdade um "progresso tecnológico" – oculta o fato de que este tipo de progresso não vem acompanhado necessariamente de progresso nas relações sociais, na ética, na espiritualidade, na busca de supressão da desigualdade humana. Jean-Jacques Rousseau (1712-1778), uma voz ainda solitária no século do otimismo iluminista, já havia chamado atenção, em seu *Discurso sobre a origem e os fundamentos da desigualdade* (1755), para o fato de que o que lhe parecia ampliar-se progressivamente era a "desigualdade humana". De Rousseau, no século XVIII a Walter Benjamin (1892-1940), na primeira metade do século XX[52], passando por nomes solitários de matizes diversos como Rudolf Hermann Lotze (1817-1881), Auguste Blanqui (1805-1881) ou Friedrich Nietzsche (1844-1900), poucas são as vozes que, no século XIX, levantam-se teoricamente contra a ideologia do progresso[53]. Mais ainda, esta ideologia do progresso que se torna dominante perde o matiz revolucionário que ainda carregava no século XVIII, e no discurso positivista do século seguinte irá incorporar

---

52. Às críticas de Walter Benjamin sobre a ideologia do progresso mecanicista voltaremos oportunamente.

53. Do grupo citado – na verdade todos referidos pelo próprio Walter Benjamin em suas "Teses sobre o conceito de História" (1940) – apenas a crítica à noção otimista de progresso de Nietzsche é desvinculada da preocupação com as classes desfavorecidas. Blanqui foi o mais atuante revolucionário francês do século XIX, e também desenvolveu escritos teóricos. Lotze era um melancólico filósofo idealista que se inspirava na Metafísica de Leibniz e que acompanhava as nuances do pessimismo romântico diante da sociedade industrial oitocentista. Contra a fé otimista no progresso também se levanta parte do universo de artistas românticos, muitos optando por formas diversas de evasão. Sobre a interação entre Benjamin e Blanqui, cf. Abensour, 1986. Devemos lembrar que este quadro irá mudar significativamente já nas primeiras décadas do século XX, e em especial no período das guerras mundiais, quando então começam a surgir mais críticos da noção otimista de progresso, tal como o próprio Walter Benjamin (1940) e, bem antes dele, o filósofo revolucionário Georges Sorel, que expressa suas inquietações em um ensaio intitulado *As ilusões do progresso* (1908).

um novo matiz, nitidamente conservador no que concerne à manutenção das hierarquias sociais.

Com seu discurso de "ordem e progresso", o Positivismo passaria de fato a constituir zelosamente uma das estratégias discursivas mais favoráveis aos novos objetivos da burguesia dominante. Pregava-se aqui a "conciliação de classes", na verdade a submissão da massa de trabalhadores aos industriais que deveriam ser os responsáveis em encaminhar o bem ordenado progresso positivista. A Educação das massas no estado positivista, de acordo com Augusto Comte, deveria preparar os proletários para "respeitarem, e mesmo reforçarem, as leis naturais da concentração do poder e da riqueza" nas mãos dos industriais[54]. Mais tarde, continuadores mais modernos do positivismo, como Émile Durkheim (1858-1917), prosseguiriam afirmando que os fatos sociais são "fatos como os outros [os das ciências exatas], submetidos a leis que a vontade humana não pode interromper ao seu interesse e que, por consequência, as revoluções no sentido próprio do termo são tão impossíveis como os milagres" (1975: 485) [LÖWY, 1994: 27].

Também é possível perceber muito claramente a distância entre o objetivismo iluminista e o objetivismo positivista através do contraste entre os usos das metáforas orgânicas em um e outro destes paradigmas. Metáforas organicistas,

---

54. Michael Löwy evoca, em suas observações sobre o positivismo comtiano, uma nota de *O capital* (1867) na qual Marx ironiza a escola positivista: "Augusto Comte e sua escola procuraram demonstrar a eterna necessidade dos senhores do capital; eles teriam, tão bem quanto e com as mesmas razões, podido demonstrar a eterna necessidade dos senhores feudais" (MARX, 1969: 631). Cf. Löwy, 1994, p. 59.

emprestadas ao mundo natural, eram empregadas em autores como Condorcet para falar no "parasitismo social" das classes aristocráticas – isto porque, tal como já se disse, boa parte do pensamento ilustrado sintonizava-se com o clima revolucionário que logo explodiria na França, e representava essencialmente um modelo de pensamento produzido, sobretudo, por uma burguesia revolucionária. Já no Positivismo do século XIX, agora a reboque de uma burguesia que chegara ao poder, as metáforas organicistas ou físicas – uma fisiologia social ou uma matemática social – começam a ser repetidamente utilizadas com objetivos conservadores. A sociedade é um corpo que precisa conservar seus diversos órgãos no correto funcionamento: há um lugar para o cérebro representado pela classe industrial, e outro para os braços e pernas representados pela massa trabalhadora[55]. Neste modelo de harmonia corporal, ao "Progresso" dos iluministas juntara-se a "Ordem", e os cientistas sociais deveriam se colocar a serviço do Estado, da ordem burguesa, e não mais se deixarem sintonizar com atividades revolucionárias.

---

55. Veremos em Durkheim passagens como estas, registradas por Michel Löwy (1994: 27), que podem ser encontradas em *A divisão social do trabalho*: "[a sociedade é] um sistema de órgãos diferentes no qual cada um desempenha um papel particular"; certos órgãos sociais gozam de "uma situação especial e, se se quer, privilegiada"; "ela se deve à natureza do papel que ela cumpre, e não a qualquer causa estranha a essas funções". Nesta outra passagem, Durkheim até parece descrever as criaturas humanas produzidas nos laboratórios do romance *Admirável mundo novo*, de Aldous Huxley (1894-1963), no qual se chegara a uma sociedade onde cada classe social estava perfeitamente feliz com a sua condição social: "Normalmente, o homem encontra a felicidade ao realizar sua natureza; suas necessidades são relacionadas com seus meios. Assim, no organismo, cada órgão não reclama senão uma quantidade de alimentos proporcional à sua dignidade" (DURKHEIM, 1960: 157-158; 369-370). Cf. Löwy, 1994, p. 28.

A conciliação de classes seria, para os positivistas, o seu objetivo maior[56].

Na historiografia, será sobretudo a partir de meados do século XIX, com as obras de Taine (1828-1893), Renan (1823-1892) e Buckle, que o Positivismo se afirmará. *A história da civilização na Inglaterra*, publicada por Henry Thomas Buckle (1821-1862) em 1857, está repleta de referências à ideia de "progresso" – geralmente relacionadas aos avanços tecnológicos e ao conjunto das explicações científicas para os diversos fenômenos naturais e sociais – e também aparecem as referências aos "estágios da civilização", estabelecendo-se uma hierarquia entre sociedades que situa a Europa no topo e rebaixa paternalisticamente os povos americanos e africanos[57]. Buckle, na mesma obra, reconhece o avanço do último século na compilação de informações diversas, mas queixa-se precisamente da ampla maioria dos historiadores por ainda terem avançado muito pouco em uma história generalizadora, que traga unidade ao todo:

> Mas se, por outro lado, tivermos de descrever o uso que destes elementos tem sido feito, diferente é a

---

56. Conforme demonstra Löwi (1994: 25), Comte chega a ser bastante explícito em relação a este papel conservador do positivismo: "[o Positivismo] tende poderosamente, por sua natureza, a consolidar a ordem pública, através do desenvolvimento de uma sábia resignação, isto é, uma permanente disposição para suportar com constância e sem nenhuma esperança de compensação, qualquer que seja, os males inevitáveis que regem os diversos gêneros de fenômenos naturais, a partir de uma profunda convicção de inevitabilidade das leis. É, pois, exclusivamente com a filosofia positiva, que se relaciona tal disposição [...]" (COMTE, 1969: 100-101).

57. "Nem só as ações e as características das grandes nações foram registradas, mas também um número prodigioso de diferentes tribos, em todas as partes do mundo conhecido, foram visitadas e descritas por viajantes, habilitando-nos assim a comparar a condição da humanidade em cada estádio da civilização e em toda a variedade de circunstâncias" (BUCKLE, 1857; apud GARDINER, 1995: 134).

imagem a apresentar. A peculiaridade inauspiciosa da história do homem consiste em que, embora cada uma de suas partes tenha sido examinada com bastante eficácia, quase ninguém ainda tentou combiná-las num todo e verificar de que maneira se relacionam entre si. Em qualquer outro campo de investigação, reconhece-se universalmente a necessidade de generalização e vão se fazendo já esforços louváveis no sentido de, a partir de fatos particulares, chegar-se à descoberta dos métodos [leis] que regem esses mesmos fatos. Tão longe está, contudo, esta de ser a orientação normal dos historiadores, que entre eles persiste a estranha ideia de que o seu trabalho consiste apenas em relatar acontecimentos, a que podem dar de vez em quando alguma vida por meio de uma ou outra reflexão moral ou política que pareça oportuna (BUCKLE, *History of Civilization in England*; apud GARDNER, 1995: 134).

Buckle dirige-se certamente contra os historicistas quando reclama da ausência de generalização na historiografia predominante em seu tempo. De sua parte, o caminho que propõe para tornar esta capacidade de generalização possível ao historiador é o da erudição e do conhecimento de alguns campos de saber essenciais que possam ser interligados para uma adequada compreensão da história.

> Daqui resulta o espetáculo estranho de um historiador que ignora a economia política; outro, que nada sabe de direito; outro, que tudo desconhece acerca dos problemas eclesiásticos e das mudanças de opinião; outro,

> que despreza a filosofia das estatísticas, ou outro ainda a ciência física – e, contudo, esses assuntos são todos os mais essenciais na medida em que abrangem as principais circunstâncias que afetam o temperamento e o caráter da humanidade e em que eles se manifestam. [...] de resto, não parece haver a intenção de as centralizar na história, de que em rigor são afinal os componentes necessários (BUCKLE: 135).

Por fim, Buckle espera ele mesmo cumprir as expectativas de se aproximar, com a História, das ciências naturais, isto é, do seu modelo generalizante:

> Realizá-lo completamente é impossível; espero, no entanto, conseguir para a história do homem algo equivalente, ou pelo menos análogo, ao que outros investigadores vêm realizando nos diferentes ramos das ciências naturais (BUCKLE: 136)[58].

Rigorosamente falando, não se pode dizer que Buckle tenha logrado alcançar as tão ambicionadas descobertas das leis gerais

---

58. Sobre a pretensão da historiografia oitocentista (na verdade do paradigma positivista) de equiparar a História às Ciências Naturais, e também de assegurar um modelo de imparcialidade, Hannah Arendt (2009: 80) entretece alguns comentários particularmente primorosos: "O ponto curioso e ainda embaraçador acerca das Ciências Históricas foi o fato de não buscarem seus padrões nas Ciências Naturais de sua própria época, mas voltarem à atitude científica e em última análise filosófica que a época moderna começara justamente a liquidar. Seus padrões científicos, culminando na 'extinção do eu', tinham suas raízes na Ciência Natural aristotélica e medieval, que consistia principalmente na observação e na catalogação dos fatos observados. Antes do ascenso da época moderna era algo por si mesmo evidente que a contemplação quieta, inativa e impessoal do milagre do ser, ou da maravilha da criação divina, devesse ser também a atitude mais adequada ao cientista, cuja curiosidade sobre o particular não se havia separado do maravilhamento frente ao geral do qual, segundo os antigos, nasceu a Filosofia".

que regeriam o desenvolvimento das sociedades humanas. Quando muito, formula o que já é de se esperar em uma historiografia positivista inspirada no modelo comtiano: uma justificação para a pretensão das sociedades europeias de se situarem no topo hierárquico das sociedades humanas, esta velha pretensão que aparece disfarçada em uma especulação sobre aquilo que considera as "causas do progresso europeu" (BUCKLE: 151).

Considerando que o grande confronto que move a história das sociedades humanas é a oposição entre os homens e o meio físico, Buckle irá sustentar que os europeus foram privilegiados por terem de lidar com um meio físico menos imponente e exuberante, com espaços físicos menos grandiosos, com circunstâncias físicas menos predisponentes a gerar superstições e distorcer-lhes a imaginação (BUCKLE: 148-149). Adquire uma importância fundamental na especulação de Thomas Buckle o meio físico, como aliás também em Hippolyte Taine (1828-1893) – outro dos mais importantes positivistas dos meados do século XIX. Para este, o homem deveria ser compreendido à luz de três fatores essenciais: o meio ambiente, a raça e o "momento histórico". Este era o seu sistema de generalização; a atenção a estes três fatores, e à combinação entre eles, consistia o seu método, a sua tábua de análise para as sociedades humanas. O mesmo Tayne chegará a afirmar, com uma impressionante confiança no exercício positivista da máxima cientificidade:

> o universo é um organismo mecanicamente constituído e a História nada mais é que um problema de mecânica aplicado à Psicologia[59].

---

59. Sobre esta afirmação de Tayne, cf. Thompson, 1967, p. 449.

Nas últimas décadas do século XIX, a corrente historiográfica de positivistas franceses vai influenciar a nascente "Escola Metódica" da França, que a partir de 1876 se afirma com a publicação do primeiro número da *Revue Historique*, uma revista que trará na sua comissão editorial nomes da antiga geração positivista – como Taine, Renan e Fustel de Coulanges – e novos nomes da escola metódica como Monod e Lavisse. Os metódicos acompanham os positivistas no que concerne ao entendimento da História como ciência, mas, rigorosamente falando, não estarão empenhados na busca de Leis Gerais e nem professarão determinismos à maneira de Taine[60]. Portanto, os

---

60. Fustel de Coulanges (1830-1899) foi autor de alguns clássicos historiográficos, como o livro *A cidade antiga* (1864), obra na qual procura demonstrar que a religião é o grande fator por trás dos desenvolvimentos históricos. Sua perspectiva positivista pode ser exemplificada pela sua crença de que "a história é uma ciência pura, como a física ou a geologia". Cf. Hartog, 1988, p. 342-343. Atribui-se a ele a frase "Não sou eu que falo, é a História que fala através de mim" (BECKER, 1959: 136-137). Já o Positivismo de Hippolyte Taine (1828-1893) se expressa através de sua ambição de identificar uma lei geral para história: a dependência do desenvolvimento de todas as sociedades em relação a três fatores fundamentais: o "meio ambiente", a "raça" (hereditariedade), e o que ele denomina "momento histórico" (circunstância). Já Joseph Ernest Renan (1823-1892) tornou-se célebre pela publicação de uma *Vida de Jesus* (1863). Afasta-se um pouco mais do Positivismo do que os dois historiadores anteriores, em virtude de uma segunda influência forte no seu acorde historiográfico que é a de Hegel. Sua célebre palestra sobre "O que é uma nação" expressa um pouco mais o seu relativismo, ao menos em comparação com Taine e Fustel de Coulanges: "As nações não são algo eterno; elas começaram, elas acabarão" (RENAN, 1997: 42). Mas a mesma nota o distancia dos historicistas de sua época, para os quais a ideia de "nação" era fundamental. Ao mesmo tempo, a dimensão estética que explora em "Vida de Jesus", e que revela uma significativa capacidade narrativa, o situam no âmbito dos que se empenharam em fazer da narrativa histórica uma obra de arte. Ainda assim, a ambição positivista expressa-se no cuidado em que procura, através do auxílio da Botânica, recuperar a paisagem de cada cenário histórico relacionado à "Vida de Jesus". A descrição do meio ambiente em que se dá o fato histórico é, para Renan, a primeira tarefa do historiador (RENAN, 2004: 32).

metódicos incorporam a influência positivista, mas estão a meio caminho de algumas posições do Historicismo tal como era praticado pelos historiadores da Escola Alemã que seguiam o modelo mais conservador, inspirado em Ranke (isto é, sem incorporar ainda as nuances relativistas trazidas por Dilthey).

Por outro lado, apesar de nas últimas décadas do século XIX ser mais raro o Positivismo autêntico – isto é, aquele que anseia por encontrar as leis gerais dos desenvolvimentos históricos – registram-se pelo menos dois bons exemplos de Positivismo no sentido comtiano. O primeiro exemplo, que se refere a uma reflexão sobre a natureza do conhecimento histórico, seria trazido por um ensaio de Louis Bourdeau que foi publicado em 1888 com o título *L'Histoire et les historiens: essai critique sur l'Histoire considerée comme science positive.* Todos os pilares fundamentais do Positivismo são reafirmados aqui: a busca de Leis Gerais, a objetividade metodológica aproximada à das Ciências Naturais, a Neutralidade de um historiador que devia se destacar do seu objeto de estudo e observá-lo distanciadamente, e mesmo o uso de uma linguagem tão formalizada quanto possível, avessa à narratividade. De sua parte, Paul Lacombe também sustentaria em 1894 uma discussão sobre a cientificidade da História em termos positivistas, propugnando a existência de leis do desenvolvimento histórico em seu ensaio *De l'Histoire como science.*

Enquanto isto, a Escola Metódica e seus herdeiros irão publicar manuais com ideias positivistas até meados do século XX, como os manuais de Wilhelm Bauer e Louis Halphen, respectivamente publicados em 1921 e 1946, ambos com o nome *Introdução à História*. Um destes manuais, aliás – o de Louis Halphen – é citado no artigo de Fernando Braudel sobre "História e Ciências Sociais: a longa duração" (1958) como exemplo de historiografia tradicional e retrógrada, precisamente em uma passagem na qual se diz que o historiador apenas precisa esperar de suas fontes que estas deixem falar os fatos por si mesmos. Mas o mais famoso dos manuais seria o de Seignobos e Langlois, escrito em 1898 e duramente criticado pela Escola dos *Annales* na terceira década do século XX.

Com relação a posteriores desenvolvimentos do Positivismo, iremos encontrá-lo fortalecido, se não na historiografia do século XX, ao menos na sociologia deste mesmo século. O principal articulador da modernização do Positivismo nas Ciências Sociais, e de sua reconfiguração para um novo tempo, foi Émile Durkheim (1858-1917), que reconhece esta herança, particularmente em relação a Augusto Comte (DURKHEIM, 1975: 115). Na vertente neopositivista das Ciências Sociais apresentada por Durkheim – sociólogo francês que declararia a necessidade de "considerar os fatos sociais como coisas"[61] – ficará bem mais claro do que na historiografia positivista este tríplice fundamento em que se baseia o paradigma positivista desde Augusto Comte: (1) a crença na possibilidade de encontrar leis naturais e invariantes para as sociedades humanas, (2) a neutralidade do cientista social,

---

61. A assertiva é apresentada como a primeira regra metodológica das ciências sociais, a mais fundamental, no mais conhecido livro de Durkheim, *Regras do método sociológico* (1895).

e (3) a identidade de métodos entre as Ciências Humanas e as Ciências Naturais ("Quadro 2", parte superior). Sob este último ponto, afirmaria Durkheim:

> A ciência social não poderia realmente progredir mais se não houvesse estabelecido que as leis das sociedades não são diferentes das leis que regem o resto da natureza e que o método que serve para descobri-las não é outro senão o método das outras ciências (DURKHEIM, 1953: 113)[62].

Esta identidade entre os métodos e padrões epistemológicos das Ciências Exatas e das Ciências Humanas geram no neopositivismo durkheimiano a mesma crença na "neutralidade do cientista social" que já era advogada por Augusto Comte:

> Que o sociólogo se coloque no estado de espírito no qual estão os físicos, químicos, fisiólogos, quando eles se debruçam sobre uma região ainda inexplorada do seu domínio científico (DURKHEIM, 1953: 14).

Por fim, também nos mostrará o sociólogo francês, em diversas passagens, sua crença na invariância de leis que estariam por trás do desenvolvimento das ciências humanas:

> Os economistas foram os primeiros a proclamar que as leis sociais são tão necessárias como as leis

---

62. Esta e a próxima citação foram utilizadas por Michael Löwy no capítulo sobre o positivismo de seu ensaio *As aventuras de Karl Marx contra o Barão de Münchhausen* (1994: 26-27).

> físicas. Segundo eles, é tão impossível a concorrên-
> cia não nivelar pouco a pouco os preços [...] como
> os corpos não caírem de forma vertical [...]. Estende
> este princípio a todos os fatos sociais e a sociologia
> estará fundada (DURKHEIM, 1970: 80-81).

Embora tenha declinado sensivelmente na Historiografia a partir do século XX, a posição Positivista não deixou de ter os seus representantes a qualquer época e de se encontrar sempre representada como um paradigma possível. Há, mesmo nos dias de hoje, também as propostas de retorno a uma prática historiográfica que seria assimilável ao empirismo positivista ou ao historicismo mais realista de princípios do século XIX, à maneira de Ranke e evocando a sua proposta de "contar os fatos tal como eles se sucederam". Podemos dar o exemplo de historiadores recentes como Arthur Marwick (1989) e G.R. Elton, este último com seu ensaio que propõe o *Retorno aos Essenciais* (1991). Aqui veremos reeditados alguns itens do antigo projeto do Positivismo para as ciências humanas e para a historiografia em particular – a saber, a "investigação racional, independente e imparcial" da documentação (ELTON, 1991: 6)[63].

A posição do historiador escocês Arthur Marwick (1936-2006) e também do historiador britânico Geoffrey Rudolph Elton (1921-1994) – denominados "reconstrucionistas" por Alun Munslow no ensaio no qual inclui uma cuidadosa análise do desprezo daquele setor historiográfico pelo uso

---

63. Cf., sobre esta corrente reconstrucionista, a análise de Alun Munslow em *Desconstruindo a História* (1997) [2009: 35].

de "constructos teóricos" pela História (MUNSLOW, 2009: 35-38) – situa-se na conexão que se estabelece entre uma revalorização do empirismo não teórico e a radical oposição ao "desconstrucionismo" que caracteriza um segmento importante dos historiadores pós-modernos, bem representado por Hayden White (1973)[64]. Marwick, Elton e outros historiadores asseguram a permanência de posições positivistas ou neopositivistas ainda em nosso tempo, embora o positivismo puro seja cada vez mais raro na prática historiográfica.

---

64. A crítica aos historiadores e filósofos desconstrucionistas, como Hayden White e Derrida, também é empreendida por Lawrence Stone no artigo "Dry Heat, Cool Reason: Historians Under Siege in England and France", publicado no *Times Literary Supplement* (1992).

III | Historicismo

1 Historicismo: o acordo entre Realismo e Relativismo

Enquanto o Positivismo francês do século XIX pode ser discutido como uma reconfiguração em geral conservadora da herança Iluminista, já o Historicismo alemão, e seus desdobramentos em outros países europeus e mesmo nas Américas, deverá ser entendido em sua relação direta com o contexto de afirmação dos Estados Nacionais do século XIX. O Historicismo também se presta nos seus primórdios, e no decurso de boa parte do século XIX, a um contexto igualmente conservador. Mas os interesses que representa mais diretamente não serão os da burguesia industrial enquanto classe social dominante, e sim os interesses dos grandes estados, da burocracia estatal que financia os seus projetos historiográficos. Claro está que estes interesses são articulados em algum nível – o dos estados e o das elites que controlam a sociedade industrial[65]. Mas no plano mais direto apresentam especificidades a considerar.

De todo modo, as duas grandes questões que se colocam para os historicistas alemães são a vontade de realizar a unificação alemã – uma vez que todo o vasto território de fala germânica estava então partilhado em inúmeras realidades políticas menores – e também o projeto de encaminhar a modernização sem maiores riscos revolucionários. Para além disto, particularmente com a Escola Histórica Alemã, os historicistas de primeira hora se apresentaram muito habitualmente como sustentáculos das estruturas monárquicas – sendo particularmente forte a Monarquia Prussiana como financiadora do projeto nacional historicista sob sua jurisdição – e ainda havia uma boa parte de historicistas que buscavam justificar no Passado as permanências e instituições feudais ainda persistentes no seu Presente. De modo geral, no contexto da Restauração e em virtude das viscerais oposições entre alemães e franceses, os historiadores da Escola Histórica Alemã eram críticos da Revolução Francesa, e ao lado disto não desprezavam as épocas anteriores – inclusive a Idade Média – como haviam feito os iluministas do século XVIII. Qualquer época, para um historicista alemão, tinha a sua própria importância e deveria ser examinada consoante critérios a ela adequados, bem como de acordo com seus próprios valores. O mesmo raciocínio valia para as diversas espacialidades, e

---

65. A defesa dos interesses parlamentaristas ingleses combinada à apologia da industrialização, no quadro de uma historiografia historicista inglesa que representa o ponto de vista progressista-reformista dos whigs, pode ser bem representada por Thomas Babbington Macaulay (1800-1859).

cada nação deveria ser compreendida em sua singularidade. O projeto inicial do Historicismo alemão, conforme se pode ver, é por um lado tão conservador quanto o do Positivismo francês, mas já apresenta um elemento novo, que é o de elaborar uma história especificamente nacional, portanto não universalista.

Para além disto, é oportuno lembrar que, do ponto de vista do estado prussiano, havia a tendência já herdada da época dos déspotas esclarecidos de fazer reformas de alcance limitado com o objetivo de se prevenir contra revoluções. Enquanto os monarcas absolutistas franceses haviam se conservado inflexíveis diante das pressões populares e por isso tiveram de enfrentar o acirramento e radicalismo da Revolução Francesa, os déspotas esclarecidos responsáveis pelas regiões que se relacionavam ao Império Austro-Húngaro – como Frederico II da Prússia e Dom José II da Áustria – aprenderam a acompanhar o movimento de sua época de modo a se conservar no poder. Alguns destes monarcas, à sua época, haviam se tornado "iluministas" moderados, benfeitores das artes e das ciências. No século XVIII, haviam oferecido um discurso de modernidade e uma prática de pequenas reformas; agora, ofereciam ao povo a História.

No fundo, tanto o Positivismo como o Historicismo foram, à partida, frutos de uma mesma necessidade de época, representada pelo paradoxo de encaminhar uma modernização política que viabilizasse aquele desenvolvimento industrial que atenderia às exigências da burguesia triunfante, e de ao mesmo tempo apoiar a proposta de conservação de alguns privilégios sociais da nobreza

(FONTANA, 2004: 222). Contudo, a esta necessidade em comum de realizar o consenso entre nobreza e burguesia, o Positivismo e o Historicismo ofereceram respostas diferenciadas: o positivismo francês oferecia o consenso com base na ideia de universalismo; o historicismo alemão buscava proporcionar o consenso social ancorado na ideia de nacionalismo. Para tanto, era necessário realizar uma nova forma de História, cujos dois principais pilares foram a recuperação de uma documentação alemã que remontava aos tempos medievais, e o desenvolvimento de um novo método de crítica destas fontes com inspiração filológica.

As motivações políticas das elites francesas e germânicas não difeririam muito, conforme se pode ver, no que se refere à necessidade de estabelecer consenso e de desmobilizar posturas revolucionárias, mas as suas respostas marcaram caminhos muito distintos, e o particularismo histórico proposto pelo historicismo alemão logo se oporá menos ou mais radicalmente ao universalismo positivista. De igual maneira, ao "homem universal" que um dia fora objeto de estudo dos iluministas, e que agora era reivindicado como conceito central pelos positivistas do século XIX, o Historicismo opunha o "indivíduo concreto", particular, histórico e sujeito à finitude. Ao menos em uma das pontas da operação historiográfica – a que se referia às fontes históricas e às sociedades examinadas (isto é, ao objeto historiográfico) – o Historicismo era já relativista. Nisto se conformava o seu avanço, a sua novidade com relação aos esquemas universalistas que o Positivismo herdara do Iluminismo, mas já despojados de seu caráter revolucionário.

É ainda preciso lembrar que o Historicismo teve precursores entre alguns dos filósofos e historiadores românticos do século XVIII, como o erudito Giambattista Vico (1668-1774) ou o filósofo alemão Johan Gottfried von Herder (1744-1803), que consideravam a necessidade de escrever uma história particularizante, capaz de apreender a especificidade de cada povo. De igual maneira, o Historicismo dificilmente poderia ter se formado, notadamente em sua base metodológica, sem a contribuição de alguns teólogos e filólogos alemães que já se debruçavam sob os problemas relacionados à interpretação de textos, e à inevitável articulação destes textos a contextos históricos específicos e a pontos de vista autorais. Pelo menos em um desses filólogos já podemos encontrar surpreendentes antecipações do perspectivismo historicista: Johann Martin Chladenius (1710-1759)[66].

Este filólogo irá procurar refletir sistematicamente sobre a maneira de elaborar, de um lado, uma "história das gerações mais recentes" ancorada nos depoimentos orais

---

66. Chladenius (1710-1759), um pensador que trará em seu "acorde teórico" a influência racionalista de Leibniz (1646-1716), é considerado, pelas razões que já iremos discutir, um dos precursores da ciência histórica. Nele já surpreenderemos uma importante distinção entre "compreender" e "interpretar": "Se compreende um discurso ou um texto se se considera tudo aquilo o que as palavras, de acordo com a razão e as regras da nossa alma, possam suscitar em nós", "interpretar", no entanto, "nada mais é do que oferecer a alguém o conhecimento necessário para compreender plenamente ou aprender a compreender um discurso ou um escrito" (CHLADENIUS, 1988: 54-71). Veremos, mais tarde, que o conceito de "Compreensão" será fundamental para o Historicismo, notadamente para a linha mais relativista do Historicismo alemão. A avaliação e análise da importância de Chladenius para a futura ciência histórica foi cuidadosamente empreendida por Reinhart Koselleck no ensaio "Ponto de vista, perspectiva e temporalidade – contribuição à apreensão historiográfica da história" (2006: 168-171).

(as "histórias presentes e futuras"), e, de outro lado, as "velhas histórias", que se estendem para os períodos mais recuados com relação aos quais é preciso investigar outros tipos de documentação. Na verdade, o que mais interessa a Chladenius refere-se mesmo aos períodos recentes, e ele valoriza mais aquilo que hoje se chamaria, mal aproximando uma época historiográfica da outra, de "História do Tempo Presente". A "história velha" é aquela que, a contragosto, escapa da vivacidade e maior veridicidade das "histórias das gerações recentes", uma vez que já não pode neste caso contar com depoimentos de pessoas vivas[67].

Curiosamente, apesar das importantes contribuições que iria oferecer para uma nova história científica prestes a surgir em breve, Chladenius começara a trabalhar com esse viés bastante tradicional, que procurava valorizar os depoimentos oculares como mais importantes e confiáveis do que a documentação escrita, estabelecendo deste modo uma distinção

---

67. Neste aspecto, os interesses de Chladenius coincidem com aqueles que eram priorizados pelos historiadores antigos, notadamente os gregos. Podemos compará-lo com Tucídides. A *Archaeologia*, no início do relato de Tucídides sobre a *Guerra do Peloponeso*, é na verdade apenas uma pequena parte da obra, tal como indica Juliana Bastos Marques (2008: 53). O historiador grego pretendia dar mais atenção à história que se aproximava de sua época, de seu próprio presente, ou mesmo que coincidia com ele, e Chladenius também parece revelar, já no século XVIII, uma preferência análoga. Para ele, tal como observa Koselleck, "a velha história se inicia quando não há mais testemunhas oculares sobreviventes e nem se pode mais interrogar testemunhas auditivas vinculadas aos acontecimentos" (KOSELLECK, 2006: 168). Além disto, "as histórias do passado, situadas fora da lembrança coletiva, constituíam mero complemento da experiência histórica do presente" (p. 172). Este jogo de prioridades estava por mudar, e a passagem do século XVIII para o XIX logo assistiria ao florescimento dos interesses em estudar os períodos mais recuados da história.

respectiva entre as "histórias futuras" e as "velhas histórias". Heródoto (c. 485-420 a.C.), na Grécia Antiga, já havia firmado esta valorização hierárquica dos depoimentos produzidos pelas testemunhas oculares, preferíveis àqueles que se ancoravam no "ouvi dizer", e situando somente depois, no limite inferior da escala, a documentação e outros tipos de fontes que permitissem captar as informações para as quais já não havia nem testemunhos oculares e nem testemunhos de segunda mão. Mas a questão é que o nosso filólogo setecentista começa por reconhecer que os depoimentos prestados por testemunhos (oculares ou auditivos) são sempre relacionados a "pontos de vista"[68]. Depois, esta é a questão, Chladenius acaba por estender este reconhecimento de "relatividade dos pontos de vista" ao próprio historiador, dando a perceber que é a partir de um ponto de vista que este seleciona os próprios testemunhos e documentos que recolheu, para iniciar em seguida um trabalho de interpretação que também será interferido por este mesmo ponto de vista. Enfim, temos aqui, com uma clareza cartesiana, a consciência

---

68. Chladenius irá definir o que estará entendendo como *ponto de vista*: "aquelas circunstâncias da alma, do nosso corpo e de toda nossa pessoa, que fazem com que, ou são causa para que, representemos para nós alguma coisa desse modo, e não de outro, [nós as] queremos chamar de ponto de vista" (apud GRONDIN, 1991: 106). É claro que, logo mais, a noção de "ponto de vista" se veria beneficiada também pela consideração das instâncias relacionadas a uma época, a um ambiente social e a uma posição social daquele que se coloca diante de algum fato da vida. Em Chladenius, ao menos na definição acima, na melhor das hipóteses isto está apenas implícito. Mas logo ocorreria maior delineamento desta noção. De todo modo, já temos com Chladenius a observação de que "a história constitui uma unidade em si mesma, mas que a sua representação é distinta e diversificada" (apud KOSELLECK, 2006: 169).

de que o historiador examina "pontos de vista" a partir do seu próprio "ponto de vista"[69]. Disso, naturalmente, também decorre que não existirá uma só história, ou que pelo menos não existirá uma única representação da história, e sim "diversas representações", de acordo com os vários "pontos de vista"[70].

Os cuidados em direcionar as técnicas da interpretação que já eram oferecidas pela hermenêutica para a análise dos depoimentos e dos documentos, e o reconhecimento pioneiro acerca da multiplicidade de "pontos de vista" que os atravessam, já revelam em Chladenius alguns dos elementos que logo seriam incorporados por uma prática historicista que irá triunfar no estabelecimento de uma historiografia científica, e, em alguns aspectos, pode-se dizer que Chladenius até mesmo ultrapassa o horizonte de relativismo histórico que foi possível ser alcançado pelos primeiros historiadores da Escola Histórica Alemã. Assim, o filólogo alemão antecipa até mesmo uma posição relativista mais avançada – aquela que não se contenta apenas em constatar a multiplicidade de pontos de vista presentes nas fontes, mas que estende este reconhecimento na direção do historiador e já o aplica

---

69. Ao que tudo indica, e tomando por base comentários do próprio Chladenius, teria sido Leibniz (1646-1716) o primeiro pensador a utilizar a expressão "ponto de vista" deslocada de seu contexto ótico e referida a um sentido geral que propõe o uso da expressão para simbolizar a diversidade de concepções em torno de uma mesma questão ou assunto. Hoje, este uso da expressão é corrente, e já nem mais é percebido como a metáfora que teria sido um dia.

70. "Desse conceito ['ponto de vista'] decorre que aqueles que contemplam algo a partir de diferentes pontos de vista devem necessariamente construir representações diferentes desse objeto" (CHLADENIUS, 1741: 185).

ao próprio sujeito que escreve a história. Esta posição ainda precisaria de algumas décadas para se tornar dominante entre os futuros historicistas, de modo que é particularmente notável encontrá-la em Chladenius em meados do século XVIII[71]. Com Chladenius inicia-se uma autêntica reflexão sobre as condições de produção do conhecimento histórico.

Obviamente que a perspectiva relativista possível a Chladenius tinha também que se deparar contra os seus próprios limites. A sua reflexão sobre a relatividade dos pontos de vista é a de um filólogo, mas ainda não a de um geógrafo ou de um historiador. Por isso, ele ainda aborda como uma "pessoa", como uma "alma" com "corpo e circunstâncias", o sujeito que se coloca no ponto nodal da perspectiva relativista. Mas não vai além, a ponto de perceber também a importância do "lugar" e do "tempo". Nos dias de hoje, quando se tem clareza de que as intersubjetividades inscrevem-se nesta tríade constituída pela "pessoa", pelo "lugar e pelo "tempo", ficamos com a impressão de que Chladenius apenas recobriu parte do problema. Mas logo surgiriam, ainda naquela segunda metade do

---

71. É surpreendente encontrar em Chladenius uma passagem que muito se assemelha a um comentário de Droysen, um historicista que já adota um ponto de vista relativista a partir de sua obra *Historik* (1858). Mais de um século separa estes autores, mas vemos aqui Chladenius antecipar uma posição que só começaria a ser afirmada mais insistentemente com Droysen e outros historicistas das quatro últimas décadas do século XIX. Eis a passagem de Chladenius: "Estão muito equivocados aqueles que exigem que o historiador se comporte como um homem sem religião, sem pátria e sem família, pois exigem algo impossível" (CHLADENIUS,1752: 166; apud KOSELLECK, 2006: 170). Eis a passagem de Droysen: "Eu não aspiro senão, nem mais nem menos, a deixar à mostra a verdade relativa ao meu ponto de vista. Quero mostrar como minha pátria, minhas convicções políticas e religiosas, meu estudo sistemático me permitiram chegar a este ponto de vista" (DROYSEN, *Historik*, 1858; edição: 1977, 235-6).

século XVIII, outros filósofos e filólogos que completariam o *insight* relativista de Chladenius, atentando para as maneiras como o "lugar" e o "tempo" podem interferir no "ponto de vista". Thomas Abbt, na sua *História do gênero humano* (1766: 219), já faz notar que o lugar faria a diferença, mesmo que se mantivesse invariável o povo[72]. Logo depois Gatterer (1768), Büsch (1775) e Schlözer (1784) – três autores da segunda metade do século XVIII bem examinados por Koselleck – mostrariam que se encontra inscrita no "ponto de vista" também a perspectiva temporal. Schlözer chamará atenção para o fato de que "um determinado fato pode parecer, nesse momento, completamente irrelevante, e, cedo ou tarde, tornar-se decisivo para a própria história ou mesmo para a crítica" (1784: 7)[73]. Mas, então, já estamos às portas do Historicismo Alemão.

Também será necessário observar que os autores que exploram a ideia de uma perspectiva relativista para a História, nesta segunda metade do século XVIII, são ainda pensadores mais ou menos isolados. Eles fornecem *insights* e materiais que só poderão ser trabalhados mais sistematicamente pelos historiadores da Escola Alemã, já sob a perspectiva de uma postura metodológica que definirá os parâmetros da nova história científica. E, ainda assim, com relação ao reconheci-

---

72. "A História de um mesmo povo será diferente na Ásia e na Europa" (ABBT, 1766: 219). Esta passagem, e as duas seguintes, são comentadas por Koselleck no seu ensaio sobre o "Ponto de Vista" (2006: 172).

73. Além desta passagem de Schlözer, Koselleck (2006: 173) transcreve a seguinte passagem de Büsch: "Neste momento, acontecimentos que só agora se tornaram perceptíveis conferem importância a uma história que antes teria nos interessado muito pouco, ou que absolutamente não nos teria interessado" (BÜSCH, 1775: 12).

mento da intersubjetividade do próprio historiador, haverá mesmo um certo recuo dos primeiros historicistas, tais como Ranke e Niebuhr, que ainda advogarão um "historicismo realista". Eles estarão prontos a reconhecer a subjetividade do humano, mas especialmente no que concerne às fontes e às sociedades a serem examinadas pelos historiadores. Daí até aceitarem mais plenamente a subjetividade do historiador, e a concordarem em colocar em xeque a própria ambição de absoluta neutralidade por parte do historiador, terão que esperar pela contribuição dos historicistas da segunda metade do século XIX, que, tal como Droysen ou Dilthey, já representam uma vertente integralmente relativista do Historicismo. É somente então que o pleno relativismo historicista será retomado com maior vigor e plenitude, estendendo-se mais uma vez da percepção da subjetividade das fontes e das sociedades humanas para o reconhecimento da subjetividade que afeta o próprio historiador que elabora a História.

Há ainda uma questão derradeira acerca deste breve, mas importante ímpeto relativista que se estabelece no encontro da filologia de Chladenius, e de seus contemporâneos, com uma inovadora reflexão sobre a História. Pode-se dizer que a corrente relativista dos filólogos e eruditos setecentistas que podem ser bem representados pela figura de Chladenius constituiu uma espécie de "Trovão" que anunciou a "Tempestade" historicista que breve iria se impor sobre os meios historiográficos oitocentistas. Esta discreta corrente relativista da segunda metade do século XVIII, que percorre não muitos autores, foi para o Historicismo que estava por vir o mesmo que o movimento *Sturm und Drang* foi para o Romantismo do século XIX[74]. O relativismo historicista é aqui prenunciado pelo ímpeto relativista de Chladenius e de outros eruditos alemães, tal como uma tempestade que é preludiada por uma revoada de pássaros.

Este movimento só possuía um ponto problemático – uma espécie de "calcanhar de Aquiles" epistemológico – que o impedia de saltar efetivamente para um novo fazer histórico como aquele que logo seria alcançado pelo Historicismo a cargo da futura Escola Alemã. Chladenius e seus análogos (super)valorizavam as fontes oculares (testemunhos orais) em detrimento das fontes escritas; e com isso privilegiavam uma espécie de "história do Tempo Presente" em desfavor da história dos tempos mais recuados. Somente quando esta tendência foi ultrapassada, e afirmou-se definitivamente a desvalorização da "testemunha ocular" e o declínio desta espécie de "história oral" (se podemos, um tanto anacronicamente, chamá-la assim), é que "o passado deixou de ser mantido na memória pela tradição escrita ou oral, passando a ser *reconstruído pelo procedimento crítico*" (as últimas palavras são de Koselleck, os grifos são nossos)[75]. Esta aplicação de um método crítico ao

---

74. Explicaremos a nossa metáfora. O *Sturm und Drang* ("Tempestade e Ímpeto") foi um movimento estético-literário alemão que vigorou entre os anos 1760 e 1780, em pleno período europeu de predomínio do Classicismo iluminista. Correspondeu a uma espécie de excitação estética momentânea, que antecipou valores anticlassicistas que logo retornariam com todo vigor com o Romantismo oitocentista. A metáfora torna-se aqui oportuna. O "ímpeto relativista" inaugurado por Chladenius não teve vigor suficiente para se contrapor ao universalismo iluminista, e propagou-se apenas através de uns poucos cérebros. Mas trouxe os primeiros sinais de uma nova perspectiva historiográfica que breve dominaria o mundo histórico através do paradigma Historicista, embora contraponteado pela alternativa Positivista.

75. KOSELLECK, 2006: 174.

exame de fontes escritas, fossem do passado mais remoto ou dos períodos menos recuados em relação ao presente do historiador, seria um ponto capital para o Historicismo vindouro. Somente com o pleno exercício deste procedimento crítico a História poderia começar a aprender a ser moderna.

Além do "ímpeto relativista", o Historicismo em formação iria também recolher outro elemento disperso em meio às resistências antiuniversalistas que já tinham começado a grassar na cultura europeia do século XVIII. Referimo-nos à "crítica" que, não mais apenas voltada "esclarecidamente" contra os poderes instituídos e preconceitos de toda ordem, dirige-se também para uma autoavaliação de cada disciplina que deve estender um olhar sobre si mesma. Na história da historiografia, já surpreenderemos na segunda metade do século XVIII estes primeiros sinais de um "olhar sobre si", através do qual a historiografia submete a um atento exame o próprio trabalho dos historiadores. O sinal da autocrítica historiográfica já é visível em Johann Salomo Semler (1725-1791), um teólogo-historiador ligado à velha tradição da "história teológica" – esta corrente historiográfica que teve seu apogeu no século XVII, com Bossuet (1681), mas que ainda se encontrará bem viva nos dois séculos seguintes. Semler queria aplicar um método histórico-crítico às ciências bíblicas, de modo a constituir o que ele mesmo denominaria "teologia liberal" (*liberalis theologia*)[76]. Mas a sua mais notável contribuição para a

---

76. Semler, embora fosse teólogo, trabalhava com a perspectiva de que Deus não intervinha na história humana, de modo que a sua "história teológica" não vinha pontilhada por milagres; ao lado disto, propunha aplicar um método histórico-gramatical à interpretação de passagens do Antigo Testamento.

história da historiografia foi o reconhecimento da necessidade de empreender permanentemente uma elaboração crítica da historiografia anterior, o que deveria ser feito pelos próprios historiadores. Para ele, a historiografia era parte da história, e isto porque as mudanças impostas pela própria sucessão de momentos históricos ("tempos históricos") impunha que sempre surgissem novos historiadores, portadores de um novo olhar sobre os períodos anteriores ao seu Presente.

Nos dias de hoje, ao menos nos meios acadêmicos que formam o historiador profissional, isto soa como um lugar-comum. Mas devemos levar em conta que, na segunda metade do século XVIII, esta percepção era ainda um elemento disperso em meio às visões dominantes de que existia uma "verdade histórica" única da qual, tanto quanto possível, deveria ser seu *speculo* a reconstituição histórica a ser realizada pelos historiadores. A noção de que cada época produz a sua "verdade histórica" ainda soaria muito estranha para a maioria dos homens. A ideia hoje igualmente corriqueira de que é útil e necessário reatualizar constantemente uma história da historiografia, hoje convertida em disciplina solidamente estabelecida no currículo dos historiadores, também seria estranha na segunda metade do século XVIII. É precisamente esta estranheza que é confrontada por Semler, ainda em 1777, ao ressaltar que, até aquela época, "muito pouca atenção se tinha dado àquela história que precedeu a história de todos os assim chamados historiadores" (SEMLER, 1777: 9)[77]. A este descaso,

---

77. Koselleck cita esta e outras passagens de Semler como indicativas de um momento importante na história do relativismo historiográfico (2006: 176-177).

Semler confrontava a sua convicção de que seria imprescindível para os próprios historiadores este olhar para dentro da historiografia. Neste sentido, cada nova geração historiográfica deveria submeter as anteriores a uma rigorosa análise crítica, inclusive desmascarando os interesses específicos que as tinham levado a produzir uma visão histórica e não outra[78].

A prática historiográfica do "olhar sobre si", apenas casual e esporádica até meados do século XVIII, iria se tornar uma exigência da própria "matriz disciplinar" da História. Em vista de sua predisposição relativista, o Historicismo, mais do que o Positivismo, sempre mostrou maior afinidade em relação a esta necessidade de reelaborar constantemente um "olhar sobre si" que é constituinte da própria Teoria da História. Sua gênese, em fins do século XVIII e na passagem para o novo século, recolhe este elemento autocrítico conjuntamente com o "ímpeto relativista", e os coloca a conviver com outra tradição que já vinha de uma longa origem: a "crítica documental". De uma prática rigorosa de avaliação

---

78. Admitir que cada época produz a sua própria "verdade histórica" já constituía uma novidade grande. Sobretudo no seio de um conhecimento teologicamente concebido, não seria possível a um historiador setecentista deixar de imaginar que, destarte, não haveria uma "verdade maior" da qual sempre se aproximar, e cada vez mais. Por isto, tal como faz notar Koselleck, Semler terminou por associar sua percepção relativista da História à noção de progresso que então começava a se afirmar soberanamente, levando-o a entender que a cada nova época estava mais habilitada (por Deus) para produzir um conhecimento histórico mais verdadeiro (cf. KOSELLECK, 2006: 177). Perguntamo-nos se não seria lícito comparar este pretenso arco progressivo de "histórias teológicas" à ideia que está presente, em alguns setores do Materialismo Histórico, de que cada nova classe revolucionária mostra-se mais capacitada para elaborar uma leitura menos deformada da história, desmascarando as ideologias que constituem as versões históricas anteriores.

de procedência e autenticidade de documentos escritos, que teve na *De re diplomatica* (1704) do monge beneditino Jean Mabillon (1632-1707) o seu tratado de diplomática mais célebre, o Historicismo extrairá um terceiro elemento para o seu sistema paradigmático. Depois, a "crítica documental" migraria para o próprio *métier* do historiador, seja qual fosse a sua escolha paradigmática ou a escola histórica de pertença. Mas, nos primórdios, não se pode negar que a incorporação à História de um rigoroso método de crítica documental foi uma contribuição original do Historicismo, a qual este já havia extraído de toda uma tradição diplomática anterior, desenvolvida sobretudo nos meios eclesiásticos[79].

---

79. Não será o caso de recuperar aqui a história desta longa tradição, da qual o Historicismo irá aprender o necessário para os primeiros aspectos relacionados à análise documental. Podemos lembrar aqui alguns dos marcos importantes na história da Diplomática. Uma significativa linha de avanços na precisão e eficácia da crítica documental veio já se desenvolvendo no decurso do chamado período renascentista, e se afirmou com os grandes eruditos do século XVIII. A Igreja e a crítica teológica certamente trouxeram o seu importante quinhão para os progressos na crítica documental, e no século XVII destacar-se-iam nomes como os dos padres jesuítas Jean Bolland (1596-1665) e Daniel von Papenbroeck (1628-1714), que em 1675 publicaria um texto para os *Acta Sanctorum* no qual discorria "sobre o discernimento do verdadeiro e do falso nos velhos pergaminhos" (LE GOFF, 1990: 543). Neste texto, Papenbroeck lançava dúvidas sobre alguns documentos atribuídos à época Merovíngia que estavam guardados nos arquivos da Ordem de São Bento – outro centro de crítica documental eclesiástica importante na época, e que rivalizava com os dos críticos jesuítas. Em vista disto, instalou-se uma verdadeira guerra diplomática entre estes dois setores eruditos da Igreja Católica, e o monge beneditino Jean Mabillon (1632-1707) resolveu replicar em 1681 com a obra *De re diplomática*, uma extensa obra em seis partes que pretendia estabelecer as regras fundamentais da diplomática (BELLOTO, 2002: 15-16). Marc Bloch, em seu ensaio *Apologia da História* (1949, póstuma) eleva a obra de Mabillon ao *status* de acontecimento que funda a própria crítica moderna dos documentos de arquivos. Deste longo desenvolvimento, e adaptando-o a seus próprios fins, beneficiar-se-ia mais tarde o Historicismo.

O Historicismo se formou, assim, de elementos dispersos. Aproveitou as técnicas de crítica documental que já vinham sendo desenvolvidas pelos teólogos, e se valeu do ímpeto relativista inaugurado por Chladenius e outros filólogos. Da Hermenêutica, um saber técnico igualmente oriundo dos meios eclesiásticos, e que logo seria elevado a Arte da Interpretação, também extrairia um novo traço de identidade. O Historicismo em gênese cresceu ainda com a perda de valorização de um certo setor da prática historiográfica que se fundava na priorização de testemunhas oculares (esta proto-história oral), e tirou partido do consequente declínio daquela "proto-história do tempo presente" que vinha sendo cultivada por Chladenius e por alguns outros eruditos alemães. Todos estes vários aspectos foram importantes na gênese do Historicismo, que para criar uma nova história juntou elementos antes dispersos: "ímpeto relativista", "crítica documental", "interesses temáticos voltados para todos os períodos históricos", "autocrítica historiográfica", "potencial interpretativo". A isto agregou a potente onda de especializações que já clamava por ciências bem definidas em detrimento da prática multidisciplinar a que se entregava a maior parte dos sábios iluministas. Por fim, o contexto de afirmação dos estados nacionais só os favorecerá, aos novos historicistas, assim como também as afinidades com o Romantismo então nascente – um movimento estético que também valorizava os particularismos. Uma pedra de toque será trazida pela sua feliz adaptação àquela já mencionada prática de autocrítica que seria tão típica da segunda modernidade, levando cada campo de saber a intensificar as "reflexões sobre si mesmos" (as "críticas" de Kant, este iluminista que já é, contudo, um espírito típico desta segunda modernidade, constituem claros sinais destes novos tempos)[80].

Foi desta dispersão de elementos de origens diversas que se construiu algo novo: uma nova matriz historiográfica. Mistura-se tudo isto no caldeirão de "aceleração temporal" que foi detonado pelos acontecimentos políticos da Revolução Francesa e pela tecnologia que, a partir da sociedade industrial, não cessa de trazer inovações e a produzir rupturas regidas por barcos a vapor (1803), locomotivas (1804), fotografias (1823), telégrafos (1844), telefones (1860), iluminação elétrica (1879), automóveis (1885). Cada uma destas invenções e novidades, e todas elas em conjunto, produzem transformações diretas na vida prática, mas também nos modos de sentir e de pensar dos seres humanos, no seu imaginário, e nas próprias elaborações intelectuais daqueles que as viveram[81]. O novo século, sob o signo da aceleração do

---

80. Em um dos prefácios de Kant para a sua *Crítica da razão pura* (1781), este filósofo alemão afirmava: "nossa época é a época da crítica, à qual tudo deve se submeter". Esta nova predisposição, típica da segunda modernidade que principia com o século XIX, atinge obviamente a História. Neste caso, há ainda um reforço adicional que está implicado pelo próprio relativismo que tende a configurar o próprio olhar do historiador, ao menos de acordo com a perspectiva historicista (e mais tarde com a do Materialismo Histórico).

81. Surgem, por exemplo, metáforas para compreender o "trem da História" em sua inabalável marcha pelos trilhos do tempo rumo à Estação do Futuro. A invenção da fotografia, que irá abalar profundamente os ideais representativos da arte pictórica, também abre em contrapartida um novo leque de alusões metafóricas a serem empregadas pela ciência da história. Seria a História capaz de concretizar uma reprodução da imagem da realidade, tal como faz uma fotografia? A imagem da História como *speculo* pode adquirir a sofisticação da metáfora fotográfica, ao gosto positivista. Mas o próprio Marx, impressionado pelo invento da fotografia, também ficou a imaginar se a sua concepção da "ideologia" como uma "inversão da realidade" não poderia ser beneficiada pela metáfora da fotografia, uma vez que as "câmaras escuras" dos fotógrafos também produzem "inversões de imagens" (a metáfora é empregada por Marx e Engels em *Ideologia Alemã*, obra de 1946).

tempo provocada pelas transformações políticas e tecnológicas, não poderia se tornar senão o "século da história"[82]. Eis aqui um esboço de gênese do Historicismo, que poderá a partir de então desenvolver suas alternativas internas por sobre esta tensão essencial entre um mundo em acelerada transformação, que se faz acompanhar de intensas expectativas em relação ao Futuro, e um ambiente acadêmico que cedo se põe a serviço de um sistema político conservador, pelo menos no caso da Escola Histórica Alemã.

Antes de prosseguirmos, valerá a pena insistirmos em alguns dos outros precursores do Historicismo que já podemos surpreender em pleno século iluminista, e mais particularmente no quadro artístico-intelectual dos românticos. Aqui devemos também lembrar que Johan Gottfried von Herder (1744-1803) já antecipara a perspectiva particularizante do

---

82. Dirá Reinhart Koselleck (1979): "Essa temporalização de perspectivas foi certamente favorecida pelas rápidas transformações da experiência provocadas pela Revolução Francesa. Tais rupturas de continuidade pareciam querer livrar-se de um passado cuja crescente estranheza só poderia ser esclarecida e recuperada pela pesquisa histórica" (KOSELLECK, 2006: 174). É o mesmo Koselleck, aliás, quem recolhe este impressionante depoimento de Friedrich Perthes (1772-1843) sobre a sensação de descontinuidade nos novos tempos oitocentistas: "Nosso tempo reuniu nas três gerações, que agora convivem, coisas inteiramente incompatíveis. Os enormes contrastes dos anos 1750, 1789 e 1815 carecem completamente de transições, aparecendo aos homens que vivem hoje, sejam eles avós, pais ou netos, não como uma sequência de acontecimentos, mas sim como simultaneidades" (PERTHES, 1815: 320). Perthes escreveu isto pouco depois de 1815, após a queda de Napoleão. Ainda não tinham ocorrido, portanto, as revoluções de 1830 e de 1848, e nem a Comuna de Paris, em 1871. Se tivesse vivido cem anos, teria ainda presenciado mais descontinuidades. De todo modo, a Perthes pareceu assombrosa a aceleração temporal das últimas décadas do século XVIII e das primeiras décadas do século XIX, a tal ponto que ele chegou a afirmar: "De uma história que está sendo escrita agora não se pode esperar nada permanente, nenhuma história real" (PERTHES, tit. III, p. 24).

Historicismo em 1774, em seu ensaio *Mais uma Filosofia da História*. Nesta obra, o filósofo alemão já chamava atenção para a particularidade de cada povo, de cada tradição, de cada realidade nacional, e se punha na contracorrente do universalismo iluminista, tornando-se o principal representante da filosofia romântica da História no final do século XVIII:

> cada forma de perfeição humana, é, num certo sentido, nacional e temporalizada, e, considerada de modo mais específico, individual[83].

Antes de Herder e dos românticos do final do século XVIII, seria importante ressaltar também as antecipações de Vico (1668-1744), que em *Ciência Nova* (1725; 1744) já desenvolvia uma perspectiva voltada para a apreensão da singularidade de cada povo, ainda na primeira metade do século XVIII. Vico já chamava atenção para as ilusões de unidade que podiam assaltar os estudiosos das sociedades humanas ao tomarem a si mesmos, e às suas sociedades, como uma medida para todas as coisas.

> Por causa da natureza indefinida do espírito humano, onde quer que esteja perdido na ignorância, o

---

83. É também Herder quem nos dirá: "cada nação tem em si o seu centro de felicidade, como cada esfera o seu centro de gravidade" (1995: 42). Por outro lado, mesmo sua filosofia da história é impregnada do otimismo teleológico recorrente entre os iluministas, como se pode ver na seguinte passagem: "Trata-se, pois, verdadeiramente de avançar, de progredir, de desenvolvimento progressivo, ainda que nenhum homem particular tivesse ganho com isso! O processo dirige-se para algo de maior! Torna-se o palco de uma intenção condutora na terra! Ainda que dessa intenção não consigamos enxergar a intenção última. Palco da divindade, ainda que só possamos vê-los por entre as aberturas e os destroços de cenas particulares" (HERDER, 1995: 46).

homem faz de si mesmo a medida de todas as coisas (VICO. *Scienza Nuova*, 1953: 120).

Em vista da visão historiográfica atenta às singularidades humanas que já era trazida por nomes como Giambattista Vico e Herder, frequentemente se fala também em uma "historiografia romântica", tanto com referência aos poucos precursores do particularismo historicista no século XVIII, como em referência a alguns dos pensadores românticos do século XIX. Eles não diferem muito, rigorosamente falando, dos historicistas propriamente ditos. Um dos poucos pontos de contraste é o fato de que a historiografia romântica preconizava um método intuitivo para a construção do conhecimento histórico, ao contrário do rigoroso método de crítica documental que já ia sendo encaminhado pelos historicistas de inspiração alemã. Também os literatos românticos, e os artistas românticos de modo geral, apresentavam muitas afinidades com o historicismo, particularmente no que se refere à sua nostalgia do passado gótico, à sua revalorização da Idade Média, e à rejeição das abstrações racionalistas que haviam sido encaminhadas pelos iluministas do século XVIII. Isto posto, consideraremos aqui uma corrente única, sem discutir as especificidades da variação romântica do historicismo, e falaremos apenas do Historicismo de maneira geral, por oposição ao Positivismo de sua própria época.

Voltando ao século XIX, pode-se dizer que o paradigma Historicista, desde a contribuição de um Ranke que ainda parece afirmar possibilidade de "contar os fatos tais como eles se sucederam", foi abrindo cada vez mais espaço para o relativismo histórico, para a consciência da radical historicidade de todas as coisas, mergulhadas que estão no interminável devir histórico[84]. O Historicismo, em diversos de seus setores, foi apurando a percepção de que o historiador não pode se destacar da sociedade como pressupunha o modelo das ciências naturais preconizado pelo Positivismo e outras vertentes cientificistas das ciências humanas. Ao contrário disto, foi se afirmando cada vez mais no universo historicista a ideia de que o historiador fala de um lugar e a partir de um ponto de vista, e que, portanto, não pode almejar nem a neutralidade nem a objetividade absolutas, e menos ainda falar em uma verdade em termos absolutos. A Hermenêutica – campo de saber dedicado à interpretação de textos e objetos culturais – foi se afirmando como importante espaço de reflexão a partir de filósofos e historiadores que realçavam a relatividade dos objetos, sujeitos e métodos históricos.

Para que o historicismo, de modo geral, atingisse esta virada relativista em todos os seus aspectos, seria preciso percorrer um longo caminho. De fato, ao se examinar a obra

---

84. Mesmo com relação a Ranke, têm surgido polêmicas em torno da pretensa neutralidade rankeana, concluída apressadamente a partir do célebre dito "wie es eigentlich gewesen". Josep Fontana, em seu livro *A história dos homens* (2000), retoma uma discussão levantada por Gooch (1968) e procura mostrar que Ranke se integra com plena consciência aos interesses do estado prussiano e ao projeto de combater ideias revolucionárias, o que é encaminhando pela *Revista Histórico-Política*, por ele dirigida. Assim, Josep Fontana desfecha a sua análise do contexto pessoal de Leopold von Ranke: "Nada que se assemelhe a 'explicar as coisas como tal e como aconteceram' e, muito menos ainda, no 'divórcio das paixões do presente'. Ranke foi um funcionário ideológico do estado prussiano, útil, serviçal e consciente do papel que lhe correspondia desempenhar" (FONTANA, 2004: 226-227). Segundo Gooch, o dito de Ranke mais se referiria a uma expressão de modéstia do que a qualquer outra coisa.

de diversos dos historicistas oitocentistas, podemos identificar em alguns deles traços que de alguma maneira parecem lembrar os ideais positivistas de neutralidade. Para se compreender isto, é preciso ter sempre em conta que – ao contrário do Positivismo, que praticamente já estava formado na primeira década do século XIX em virtude de ter herdado do Iluminismo os seus principais fundamentos (embora os aplicando para um uso conservador) – já o Historicismo irá construir passo a passo o seu fundamentos no decurso do século XIX. Isto explica que, à partida, o historicismo alemão ainda apresente claramente posições conservadoras, sempre a serviço dos grandes estados nacionais, e neste novo contexto é bastante interessante notar que Ranke ainda declara ser capaz de "contar os fatos tais como eles se deram" (se bem que haja bastante polêmica em torno do verdadeiro sentido deste dito). De todo modo, Ranke já não crê em uma História Universal humana, e sim em histórias nacionais particulares, de maneira que já se vê aqui um primeiro princípio de aceitação da relatividade historiográfica – neste caso ao nível do objeto de estudo.

Em nossa perspectiva, esta é de fato a nota fundamental que perpassa toda a atitude historicista, a "cor geral" que o atravessa e ilumina tudo o mais, produzindo outros desdobramentos. O Historicismo é pioneiro ao apresentar uma nova perspectiva sobre o Homem, bem distinta da perspectiva que era no século anterior apresentada pela tendência dominante pelo pensamento ilustrado, e que em seu próprio século continuaria a ser sustentada pelo Positivismo. Naquele Homem que os iluministas e os positivistas procuravam enxergar como universal e caracterizado por uma natureza imutável, os historicistas já começam a enxergar a diferença, o movimento. Em uma palavra: a historicidade. O Homem (ou os homens) e as sociedades humanas são realidades em movimento, e assim devem ser percebidos. Ao invés de buscar o universal, a atitude historicista busca perceber a diferença, a singularidade, o específico, o singular, o particular. Ao invés de estar obcecada pela descoberta da natureza imutável do homem, a concepção historicista deleita-se, e mesmo embriaga-se, com a percepção do movimento. Em uma palavra, trata-se de apreender com radical historicidade toda e qualquer realidade, de modo que nada no universo estaria estático e imobilizado, ao mesmo tempo em que nenhuma coisa seria igual a outra neste interminável devir histórico.

Esta cor geral, que constitui no Historicismo um olhar atento à diversidade e à mutabilidade, produz os seus imediatos desdobramentos. Um século, no entanto, é apenas um breve momento na construção de um novo paradigma historiográfico, e por isso não devemos estranhar que este modelo não tenha se apresentado pronto desde o primeiro momento. Foram precisas décadas de história e de historiografia para que os historicistas, no seu conjunto, explorassem radicalmente todas as implicações de sua nova atitude em favor da diferença e do movimento. De modo geral, poderemos resumir três princípios fundamentais que essencialmente sustentam este paradigma Historicista em construção ("Quadro 2", hemisfério inferior).

O paradigma historicista completo, este é o ponto, principia enfaticamente com (1) o reconhecimento da "Relatividade do objeto histórico". De acordo com este princípio, inexistem leis de caráter geral que sejam válidas para todas as sociedades, e qualquer fenômeno social, cultural ou político só pode ser rigorosamente compreendido dentro da História. A historicidade do objeto examinado (uma sociedade humana, por exemplo, mas também uma vida humana individual, ou qualquer evento ou processo já ocorrido ou em curso) deve ser o ponto de partida da investigação – e não, como propunha o Positivismo, a universalidade das "sociedades humanas" ou a unidade fundamental do comportamento humano. Apreender com radical historicidade toda e qualquer realidade, seja esta uma realidade social ou natural (ou as duas coisas) será aqui a palavra de ordem historicista: o ponto cego do qual tudo se origina.

Em segundo lugar (2), a História, bem como as demais ciências humanas, deveria requerer uma postura metodológica específica, radicalmente distinta do padrão metodológico típico das Ciências Naturais ou das Ciências Exatas. Formulava-se aqui a distinção entre dois tipos de ciências – ou, em outras palavras, o direito de que um outro tipo de conhecimento postulasse cientificidade sem que necessariamente o seu modelo coincidisse literalmente com o das ciências da natureza. Logo surgiria, a partir desta formulação, a célebre oposição entre a "Compreensão", atitude que deveria reger o posicionamento metodológico nas ciências humanas, e a "Explicação", que seria típica das ciências naturais e exatas. Na base desta distinção, seria possível falar em uma diferença fundamental entre fatos históricos e naturais.

Por fim (3), o Historicismo estaria pronto a reconhecer a "Subjetividade do historiador", assumindo todas as implicações da ideia de que também o historiador ou o cientista social encontra-se mergulhado na História, o que faria da ambição positivista de alcançar a total "neutralidade do cientista social" não mais do que uma quimera.

Os três traços essenciais do pensamento historicista mais completo são, ainda, beneficiados por uma "perspectiva particularizante" que se torna típica do Historicismo, em oposição à "perspectiva generalizante" que era característica tanto da maior parte do Iluminismo do século XVIII como do Positivismo oitocentista. Se estas correntes buscavam frequentemente encontrar "leis gerais" para a explicação dos comportamentos e desenvolvimentos das sociedades humanas, já o Historicismo, de modo geral, abre mão desta busca, e procura se concentrar no particular, naquilo que torna cada sociedade singular em si mesma, nos aspectos que fazem de cada processo histórico algo específico.

Eis, portanto, a tríade do pensamento historicista: (1) Relatividade do Objeto Histórico, (2) Especificidade Metodológica da História, e (3) Subjetividade do historiador. Trata-se, esta é a questão, de uma tríade conquistada aos poucos, pois o paradigma historicista foi se construindo no decurso do século XIX. Assim, desligando-se à partida das antigas propostas iluministas, e confrontando-se com o Positivismo de sua época, cada vez mais o Historicismo iria investir na ideia de que as ciências humanas deveriam buscar métodos próprios, e não procedimentos emprestados às ciências da natureza. Logo viria ao seu encontro a Hermenêutica, para opor a "explicação", própria das ciências naturais, à "compreensão", postura metodológica específica das ciências humanas. Por fim, nas últimas décadas do século XIX, alguns setores historicistas completam a sua virada relativista: já acreditam que também o historiador, e não apenas as sociedades examinadas, está visceralmente implicado em toda a sua singularidade. Quando se chega a este ponto, Positivismo e Historicismo já se espelham perfeitamente com relação aos principais aspectos que se referem à relação entre Objetividade e Subjetividade Historiográfica.

2 A gradual instalação do Paradigma Historicista

Uma vez que já vimos como o Historicismo conseguiu ser formado a partir de elementos dispersos que passaram a adquirir um novo sentido nos quadros da prática historiográfica, teremos agora a oportunidade de examinar como se foi instalando triunfalmente este paradigma historicista na Europa do século XIX, desde os seus primórdios, como uma alternativa que começa a se colocar frontalmente contra o Positivismo. O ponto de partida contextual de implantação acadêmica do Historicismo, conforme já ressaltamos, não deixava de ser tão conservador quanto o do Positivismo. Também os historicistas foram convocados para elaborar um novo modelo historiográfico que renunciasse à crítica social que um dia havia sido a tônica do discurso dos filósofos mais radicais da Ilustração. No caso do historicismo de inspiração alemã, os seus financiadores são os Estados Nacionais (FONTANA, 2000: 223)[85].

Diga-se de passagem, é importante notar que há leituras diferenciadas sobre a formação e natureza do Historicismo. Se atrás indicamos o Iluminismo como origem do Positivismo, este último já configurado como uma corrente que dá um destino conservador a certos pressupostos que haviam sido colocados pela primeira vez pelo pensamento Ilustrado, há também leituras que procuram vincular o Historicismo ao passado ilustrado. É o caso, por exemplo, da análise de Meinecke (1862-1954), ele mesmo um historicista, e que em seu ensaio de 1936 sobre *O Historicismo e seu Gênesis* considera o Historicismo como se estivesse em linha de continuidade em relação à Ilustração, sendo que na passagem da Ilustração ao Historicismo teria ocorrido uma substituição da tendência à "generalização" por um "processo de observação individualizadora" (MEINECKE, 1983: 12). Trata-se de uma interpretação problemática, uma vez que a generalização e a perspectiva universalizante eram traços muito fortes

---

85. Josep Fontana cita uma passagem de Ranke que bem ilustra sua posição conservadora e conciliadora de classes, de acordo com os interesses do estado prussiano. De acordo com esta passagem, a finalidade da História seria a de "abrir o caminho para uma política sadia e acertada, dissipando as sombras e os enganos que, nos tempos em que vivemos, obscurecem e fascinam as mentes dos melhores homens" (RANKE. *Pueblos y estados en la historia moderna*, 1979, p. 516-517). Também Charles Beard, historiador norte-americano ligado à corrente "presentista", já havia feito em 1943 uma crítica sistemática sobre a parcialidade de Ranke em favor do conservadorismo, mencionando no artigo *That Noble Dream* a análise do historiador alemão sobre a vitória alemã nas guerras franco-prussianas (1870-1871) como uma "vitória da Europa conservadora contra a Revolução", ou ainda a posição de Ranke em favor de Guilherme da Prússia na sua luta contra uma constituição mais democrática (BEARD, 1943: 74-87).

do Iluminismo, de modo que a sua supressão por uma visão particularizante é já certamente uma ruptura.

Outro ponto de complexidade é a possibilidade de migração intelectual de um campo a outro. Jorge Navarro Perez, em seu ensaio sobre *A Filosofia da História de Wilhelm von Humboldt* (1996), procura mostrar como o linguista e fundador da Universidade de Berlim – Wilhelm von Humboldt (1767-1835) – teria passado da busca ilustrada das leis do progresso para uma perspectiva que passava a sustentar que era preciso avaliar cada época conforme a sua individualidade. Esta migração de ideias também pode ser percebida nos *Escritos de Filosofia da História* de Wilhelm von Humboldt (1997).

Também é oportuno lembrar que o Historicismo, com seu novo paradigma particularizante, influenciou já na sua época outros campos do saber, para além da História, como foi o caso do Direito e da Economia. No primeiro caso, surgiria uma Escola de Direito Alemã que, através de nomes como o de Friedrich Karl von Savigny (1779-1861), rejeitava o universalismo implícito na teoria do Jusnaturalismo, em favor da busca da singularidade histórica do conjunto de leis de cada povo. No caso da Economia, a influência historicista iria contribuir para a formação, na segunda metade do século XIX, de uma Escola Alemã de História Econômica que passaria a empreender o estudo comparado de casos específicos e que teria em Schmoller (1838-1917) um de seus principais nomes.

Retornando aos aspectos paradigmáticos do Historicismo, é oportuno destacar a sua ligação estreita, ou pelo menos prioritária, com uma História (da) Política (isto é, uma

História da Política ainda no sentido estreito, exclusivamente referente ao âmbito do Estado e do confronto entre Estados). De fato, os livros de Ranke – principal representante do Historicismo alemão – têm sempre como tema central as relações que se estabelecem entre os estados, seja através da guerra ou da diplomacia (1824, 1833). As nações, em Ranke, são sempre compreendidas no interior dos estados; este será um tema particularmente importante para os historicistas, conforme mostrou Wolfgang Mommsen em seu estudo sobre a transformação da ideia de nação na historiografia alemã (1996: 5-28). Para além disto, trata-se de uma história das elites, ou dos povos conduzidos pelas elites, e há certamente numerosas passagens rankeanas em torno daquilo que se convencionou chamar de "História dos Grandes Homens". Conforme poderemos ver em um capítulo específico dedicado a este historiador, Ranke escreveu uma *História dos papas* (1836) e uma *História de Frederico o Grande* (1878). A História (da) Política elaborada pelo historicismo alemão de inspiração rankeana é também uma História (dos) políticos. Não faltam retratos pessoais dos reis, descrições da corte e menções aos ministros e demais políticos[86].

Deve-se notar, neste quadro tendencial, que o Historicismo não tardaria a se partir em dois ramos bem diferenciados: um historicismo mais conservador – tanto politicamente como epistemologicamente – e um historicismo mais

---

86. Josep Fontana, no capítulo relacionado ao Historicismo de *História dos homens*, ilustra esta questão com uma breve síntese sobre uma obra de 1827 que Ranke dedica à *Monarquia Espanhola dos séculos XVI e XVII* (RANKE, 1946; FONTANA, 2004: 227).

avançado no que concerne à assimilação do relativismo. Na primeira metade do século XX, o setor mais conservador do Historicismo, através da figura dos seus herdeiros ou da memória de seus fundadores, passaria a sofrer rigoroso ataque de escolas históricas mais modernas, como a Escola dos *Annales* na França ou a Escola Presentista Norte-Americana. Este setor mais conservador do Historicismo é aquele que praticamente se imobiliza na contribuição de Ranke, quase se ossificando em um aspecto do seu "realismo historicista" e não chegando a completar a virada relativista que iria trazer ao historiador a plena consciência de sua própria historicidade. É este Historicismo mais retrógrado, que conserva talvez traços difusos de Positivismo, que se tornará um alvo fácil para os célebres artigos de Lucien Febvre em *Combates pela História* (1953), na fase de ascensão do movimento dos *Annales* ao espaço institucional francês.

Quanto ao setor do historicismo que fora tocado pelo sopro da renovação – ou por aquele mesmo ímpeto relativista que um dia soprara sobre intelectuais setecentistas como Chladenius, Abbt e Herder – pode-se dizer que este "historicismo relativista" completara definitivamente a virada relativista através de nomes como o de Johann Gustav Droysen (1808-1884) ou de Wilhelm Dilthey (1833-1911), destinando-se a prosseguir adiante através da vigorosa e criativa contribuição de filósofos e historiadores que bem mais tarde incluirão os nomes de Hans-Georg Gadamer (1900-2002), Paul Ricoeur (1913-2005) e Reinhart Koselleck (1923-2006). Mas antes de se chegar a estas notáveis contribuições, uma peculiar história precisou ser percorrida. É mesmo bastante curioso o fato de que, enquanto o Iluminismo revolucionário se desenvolveria até atingir seu ponto de inflexão e se transformar no Positivismo conservador, já o Historicismo nasce demarcado por interesses conservadores e mesmo reacionários, mas termina por se desenvolver inexoravelmente rumo às mais avançadas propostas do historicismo relativista[87].

O extraordinário sucesso do Historicismo já desde meados do século XIX deve ser reputado aos inegáveis progressos relacionados à crítica das fontes, que em um primeiro momento foram implementados por historiadores como Leopold von Ranke (1795-1886) e Barthold Georg Niebuhr (1776-1831), e que depois continuam a ser desenvolvidos por historiadores como Johann Gustav Droysen (1808-1884). Enquanto os historiadores positivistas tendiam a se aproximar ingenuamente das fontes históricas, como se estas fossem mero depósito de informações das quais bastaria aos historiadores extraí-las da documentação como se estivessem diante de uma mina de pedras preciosas, já os historicistas começam a questionar a dimensão de subjetividade que

---

87. Sobre o contexto historiográfico que, na Alemanha de fins do século XIX, favorece a tendência relativista e a projeção de todo um setor progressista do Historicismo, e não mais conservador, podemos lembrar a análise de Michel Löwi: "Perto do fim do século XIX, o Historicismo alemão começa a mudar de caráter: o próprio ponto de vista conservador aparece como historicamente superado. O desenvolvimento industrial gigantesco e acelerado da Alemanha, a unificação nacional do país no quadro de um estado constitucional, a penetração do capital no conjunto das relações econômicas e sociais, e o avanço de uma poderosa burguesia industrial e financeiras aparecem mais e mais como fenômenos irreversíveis, que tornam anacrônica toda adesão às instituições, valores e formas de sociabilidade pré-capitalistas [...]. O Historicismo tende, portanto, a se redefinir e a se transformar em um questionamento de todas as instituições sociais e formas de pensamento como historicamente relativas; ele deixa de ser conservador para se tornar relativista" (LÖWY, 1994: 70).

perpassa todas as fontes, e a se esmerarem em tirar partido destas dimensões intersubjetivas das fontes, sem considerá-las como limites indesejáveis ou mesmo intransponíveis. A noção de que existe o "fato histórico puro", visto à maneira positivista como um material que reside imobilizado na fonte e que deve ser resgatado pelo historiador nesta forma pura, passa a ser cada vez mais confrontada pelos historicistas. Johann Gustav Droysen, em um texto escrito em 1858 que mais tarde foi incluído na edição de sua *Historik*, procura mostrar que, se as fontes trazem referências objetivas a acontecimentos que foram presenciados ou a informações em geral, elas também são interferidas pelo imaginário da época e pela imaginação do historiador:

> [a crítica das fontes, além disso, precisa distinguir:] 1) qual coloração geral ela [a fonte] recebeu do imaginário dominante na respectiva época e lugar (por exemplo, a coloração demonológica no século XV, o esnobismo epigônico na época alexandrina); 2) qual tonalidade particular pertence ao próprio autor da fonte, por suas inclinações, sua formação, seu caráter etc. (DROYSEN, 2009: 52).

Droysen, é claro, está neste momento se referindo a fontes autorais – isto é, fontes que foram produzidas por um autor, e que podem ser de inúmeros tipos: cartas, decretos, discursos políticos, relatórios institucionais, relações produzidas por governantes ou funcionários oficiais, relatos de viagem, crônicas, romances, ensaios, poemas, depoimentos, declarações, bulas papais e tantas outras possibilidades. Mas a crítica também deve se defrontar, de maneira não ingênua, com fontes de outros tipos, mesmo aquelas que parecem trazer informações em estado bruto, como boa parte da documentação de arquivo. Para o Historicismo, e para o desenvolvimento sistemático de uma historiografia científica, foi fundamental essa percepção de que a subjetividade humana interfere na produção da fonte desde o princípio, e de que, portanto, o historiador deve examinar o contexto de produção de todo e qualquer documento, as suas conexões, as singularidades daqueles que o registraram ou que nele interferiram. Mais adiante, em outra parte do seu texto, Droysen dirá: "no mundo ético [isto é, no mundo histórico], nada existe que não tenha sido mediado" (DROYSEN, 2009: 53). Essa mediação deve ser um foco tão importante da análise historiográfica como a própria informação que possa ser eventualmente extraída de um documento.

A tendência positivista de tratamento das fontes é hoje associada a uma ingenuidade incompatível com os desenvolvimentos historiográficos atuais. Relembremos o manual de *Introdução à História* de Louis Halphen (1946) que, já contemporâneo aos primeiros tempos dos *Annales*, sugere que o historiador apenas precisaria esperar de suas fontes que estas "deixassem os fatos se apresentarem por si mesmos"[88]. Essa predisposição deriva de certo modo de uma concepção

---

88. Assim se expressa Halphen já em 1946: "Basta deixar-se de algum modo levar pelos documentos, lidos um após o outro, tal como se nos oferecem, para ver a corrente dos fatos se reconstituir quase automaticamente" (1946: 50). Este trecho mostra que, mesmo no século XX, ainda seria possível encontrar amplos setores da comunidade historiográfica com uma perspectiva ingênua das fontes. O trecho citado, inclusive, foi alvo das severas críticas de Braudel contra a "historiografia metódica", no artigo de 1958 sobre "A Longa Duração".

de ciência bastante própria do Positivismo, que consistia em acreditar que a ciência deveria se limitar, "antes de qualquer outra operação, a descobrir os fatos para em seguida organizá-los 'cientificamente'" (ARÓSTEGUI, 1995: 119). Neste mesmo espírito, Seignobos e Langlois buscavam dividir a operação de reconstrução do processo histórico em uma primeira fase que seria a crítica, e uma segunda fase que seria a da "construção histórica", aqui tomada mais no sentido de "reconstituição histórica". Ou seja, eles parecem não dar a perceber que, já desde o primeiro momento de contato com a fonte, o historiador precisa enfrentar a questão da interpretação histórica. Além disso, ainda avaliam o trabalho do historiador em termos de uma "reconstituição histórica", e não nos termos de uma "reconstrução histórica", que corresponde à nuance que emerge da consciência historicista acerca das intersubjetividades que afetam todos os momentos da operação historiográfica.

Enquanto os positivistas oitocentistas de todas as partes da Europa e os metódicos franceses produziam seus manuais historiográficos, os historicistas, desde Ranke, também não cessaram de refletir sobre o uso historiográfico das fontes, e logo passaram dos textos que antes vinham embutidos no prólogo ou nos apêndices de grandes obras historiográficas – como na *História dos povos românicos e germânicos* escrita por Ranke em 1824 – para manuais específicos que procuravam teorizar e fixar metodologias com vistas à reconstrução do processo histórico. Um ponto alto destas realizações, além da *Historik* de Droysen, seria o manual de Bernheim, publicado em 1889. Esta obra é particularmente importante porque ilustra bem a distância do Historicismo em relação ao Positivismo: já discute o "conceito de História", e também se dedica a examinar "a concepção histórica de nosso tempo". Dito de outra forma, Bernheim já compreende o desenvolvimento da própria historiografia dentro de um plano de historicidade. De igual maneira, a perspectiva sobre a análise das fontes não está aqui mais aprisionada pela ingenuidade positivista.

Colocando-se em uma perspectiva mais rica no que se refere à análise da documentação historiográfica, não é de se estranhar que o paradigma historicista, já desde meados do século XIX, tenha rapidamente alcançado popularidade entre os historiadores profissionais. Se uma perspectiva mais próxima do paradigma positivista – a busca da informação pura – parece ter atraído um número significativo de filósofos que escreveram história, bem como de outros eruditos ligados às ciências sociais nascentes, já o paradigma historicista alcançou maior projeção entre os historiadores profissionais, mais habituados à percepção de que tudo o que se escreve parece estar ligado a uma posição particular que precisa ser decifrada ou esclarecida no seio de sua especificidade e de sua complexidade.

Uma rápida visão panorâmica pode nos dar conta de como a concepção historicista da História, principalmente em função deste eficiente método de crítica documental que os historiadores da Escola Alemã estabeleceram, difundiu-se rapidamente por outros países. Em geral, os historicistas dos primeiros dois terços do século XIX, também fora da Alemanha, assumiram posições particularmente conservadoras que visavam legitimar os estados nacionais. Na Inglaterra, por exemplo, teremos a obra de Thomas Babbington Macaulay (1800-1859), que pretende reconstituir o passado histórico com vistas a mostrar uma progressiva ascensão "em direção às formas da liberdade constitucional inglesa" (FONTANA, 2004: 233), o que implica, para o caso do historiador whig Macaulay, redesenhar a *História da Inglaterra* (1949) em termos de graduais vitórias dos reformistas whigs contra os tories, que aparecem como defensores do *status quo* e como freios à progressiva evolução política liderada pelos whigs[89]. Posteriormente, o historicismo alemão ganharia ainda mais força na Inglaterra, sobretudo a partir da divulgação de seu método por Lorde Acton (1834-1902). Mas já reaparece aqui uma perspectiva de imparcialidade do historiador que faz lembrar os positivistas de sempre ou os historicistas dos primeiros anos do século XIX. Enquanto isto, no outro lado do Atlântico, o historiador norte-americano Frederick Jakson Turner (1861-1932) reforçava enfaticamente a natureza relativista da história em um texto de 1891 que discorria sobre "O significado da História", antecipando o dito de Benedetto Croce de que "toda história é contemporânea" ao reafirmar que cada época reescreve necessariamente a história mais uma vez. A querela entre imparcialidade e relativismo do próprio sujeito produtor de conhecimento, deste modo, reeditava-se.

---

89. O *Whig Party*, na Grã-Bretanha, era o partido que reunia as tendências liberais, contrapondo-se ao Tory Party, que constituía uma linha conservadora. Sobre os historiadores whigs, cf. Burrow, 1981. Sobre a historiografia britânica do século XIX, de modo geral, cf. Parker, 1990.

À parte os retornos e recuos ocasionais nesta complexa história da tomada de consciência histórica, o conservadorismo historicista dos primeiros tempos não impediu que deste paradigma surgissem novos caminhos historiográficos. O relativismo historiográfico é certamente a sua principal contribuição. Se nos detivermos nas implicações que já estavam presentes desde o primeiro princípio historicista – o da historicidade e relativismo de todas as sociedades humanas e objetos históricos – não é difícil perceber que seria só uma questão de tempo para que um dia viesse a ser atingida pelo Historicismo a aceitação do "relativismo e historicidade do próprio historiador". Afinal, se o objeto histórico é relativo, também o próprio historiador – ele mesmo passível de se tornar objeto histórico em um futuro distante – não pode ser mais do que igualmente relativo, imerso na historicidade, inevitavelmente ligado a pontos de vista particulares e à sua subjetividade intrínseca.

A consciência da historicidade era, por assim dizer, inevitável, e não poderia deixar de ser aperfeiçoada pelo arco historicista cada vez mais, à medida que o Historicismo se firmasse no decurso do século XIX. Foi assim que o setor mais relativista do Historicismo conseguiu adquirir especial vigor a partir da obra de pensadores como o historiador Gustav Droysen (1808-1884) e o filósofo Whilhelm Dilthey (1833-1911). Enquanto Ranke não era muito atormentado por dúvidas em relação à objetividade histórica nos primórdios do desenvolvimento do Historicismo (IGGERS, 1968: 80), já Gustav Droysen, um historicista alemão que escreve na segunda metade do século XIX, passa a sustentar mais ou menos claramente a relatividade e a historicidade do próprio historiador, tal como fica explícito em um texto de 1881 intitulado "A objetividade do Eunuco", este pequeno ensaio que traz como título uma expressão bastante reveladora[90]:

> Eu considero este modo [o fato de se conceber como primorosa uma escrita da história sem qualquer perspectiva] como de uma parcialidade eunuca; e se a imparcialidade e a verdade históricas consistem nesse modo de observar as coisas, então os melhores historiadores são os piores, e os piores, os melhores. Eu não aspiro senão, nem mais nem menos, a deixar à mostra a verdade relativa ao meu ponto de vista. Quero mostrar como minha pátria, minhas convicções políticas e religiosas, meu estudo sistemático me permitiram chegar a este ponto de vista. É preciso que o historiador tenha a coragem de reconhecer estas limitações, e se consolar com o fato de que o limitado e o particular são mais ricos

---

90. A imagem relacionando "eunuco" e "objetividade" irá aparecer também com Friedrich Nietzsche, no célebre texto "Sobre a utilidade e os inconvenientes da história para a vida", publicado em 1874 como a *2ª Consideração Intempestiva*: "Ou antes seria necessária uma raça de eunucos para guardar o grande harém da história universal? E nisso a mais pura objetividade lhe calha muito bem. Quase parece que a sua tarefa consiste em fiscalizar a história a fim de que dela não se extraia nada, exceto histórias, mas nunca acontecimentos" (NIETZSCHE, 2005: 110). Mais adiante, no mesmo ensaio, Nietzsche prossegue: "Mas, como já disse, esta é uma raça de eunucos e, para um eunuco, uma mulher vale tanto quanto outra, é sempre uma mulher, a mulher em si, eternamente inacessível – pouco importa, por conseguinte, o que fazeis, contanto que a própria história seja preservada na sua bela 'objetividade', vigiada por aqueles que não poderão jamais, eles próprios, fazer história. [...] Eles próprios não são homens nem mulheres, nem mesmo entidades coletivas, mas somente seres neutros, ou melhor, para me expressar de maneira erudita, os Eternos objetivos" (NIETZSCHE, 2005: 114).

que o comum e o geral. Com isso, a imparcialidade objetiva, a atitude não tendenciosa do tão louvado ponto de vista de fora e acima das coisas, tal como recomenda Wachsmuth em sua teoria da história, é para mim desumana. Humano, para mim, é ser parcial (DROYSEN, *Historik*, 1858; edição: 1977: 235-236).

Posições análogas à de Johan Gustav Droysen, assumindo impossibilidade de uma neutralização do historiador, também já haviam sido sustentadas, mesmo antes, por Gervinus (1805-1871) e Sybel (1817-1895), entre outros historiadores ligados à Escola Alemã (RÜSEN, 1996: 85). Gervinus discutira a questão em um ensaio intitulado *As grandes linhas da História* (1837), e Sybel em um texto intitulado *Sobre o Estado da Moderna Historiografia alemã* (1856)[91]. Se Droysen e outros historicistas já começavam a reconhecer bem francamente a historicidade do próprio historiador, e a necessidade de levar isto em consideração naquilo que concerne à operação historiográfica, deve ser atribuída a Wilhelm Dilthey (1833-1911) a mais sofisticada defesa da necessidade de delinear uma postura metodológica específica para a História e para as demais ciências do espírito, por oposição ao padrão das ciências da natureza. Por outro lado, antes mes-

---

91. A posição de Gervinus, um historiador mais próximo à primeira geração de historicistas, é um tanto mais ambígua. De um lado ele reconhecia um apartidarismo como "metodologicamente desejável". Mas, no mesmo trecho em que afirmava isto, também já predicava que o historiador deveria ser "um homem do partido do destino, um defensor natural do progresso, pois não se pode renunciar à defesa dos ideais de liberdade" (1837: 92). Quando afirmava isto, nada mais estava fazendo senão assumir seu ponto de vista liberal.

mo de Dilthey, Droysen já havia estabelecido em *Historik* (1858) a necessidade de clarificar a especificidade metodológica da História e outras ciências humanas. Para ele, haveria três métodos científicos dotados de suas próprias especificidades: o especulativo (da filosofia), o físico (das ciências exatas e naturais), e o "método histórico". A estes três tipos fundamentais de métodos corresponderiam três gestos teórico-metodológicos específicos, que seriam respectivamente os gestos de "reconhecer", "explicar" e "compreender".

Wilhelm Dilthey (1833-1911) aprofundará o esforço de delinear a especificidade metodológica das ciências históricas. Para ele, a discussão poderia ser dicotomizada nos termos de uma oposição entre "ciências do espírito" (*Geisteswissenschaften*) e "ciências da natureza" (*Naturwissenschaften*), considerando o contraste fundamental entre duas posturas metodológicas: a "Compreensão" e a "Explicação", respectivamente relacionáveis às ciências do espírito e às ciências da natureza[92]. Enquanto estas últimas poderiam se ater a uma "explicação exterior" dos fatos, já a História – ou qualquer outra das hoje chamadas ciências humanas – estaria vinculada à necessidade de "compreender" (*Verstehen*) os fenômenos humanos, de entendê-los não apenas em sua forma externa, mas também por dentro, perscrutando seus sentidos, suas implicações simbólicas, ideológicas, vivenciais, ou, em uma

---

92. Ao considerar o contraste entre os gestos de "explicar" e "compreender", Dilthey retoma as categorias que já haviam sido propostas por Droysen, mas desconsiderando o gesto de "reconhecer", que segundo Droysen estaria relacionado ao "método especulativo" da filosofia e da teologia (DROYSEN, 2009: 41).

palavra, seus significados[93]. Esta oposição entre a "Compreensão" típica das ciências humanas, e a "Explicação" típica das ciências naturais, tornar-se-ia clássica, uma referência não apenas para o Historicismo como para, de modo geral, boa parte da historiografia do século XX em diante[94]. A partir daí, iremos encontrar em autores diversos, e também fora dos quadros do Historicismo, a ideia de uma separação mais clara entre as "ciências da natureza" e as "ciências da

---

93. É interessante observar que Dilthey avança efetivamente na direção de trazer uma maior especificidade metodológica às Ciências Humanas. Mas isto não significa que não possa ser discutido que, em algum nível, ele também não tenha se inspirado no modelo das Ciências Naturais. Este era um modelo muito forte para a época, e que tinha adquirido um fortalecimento adicional com o sucesso do evolucionismo de Darwin. Hans-Georg Gadamer, em certa passagem de *Verdade e método* (1960), procura mostrar ainda as ligações entre Dilthey e a inspiração naturalista, apesar de seus avanços na distinção entre as duas posturas metodológicas: "Mesmo assim, Dilthey se deixou influenciar profundamente pelo modelo das ciências da natureza, embora quisesse justificar justamente a independência metodológica das ciências do espírito" (GADAMER, 2008: 41). Cf., em seguida a estas palavras, a argumentação de Gadamer.

94. Também Wilhelm Windelband (1848-1928), o principal neokantiano da Escola de Baden, explorou de maneira exemplar o projeto de sistematizar uma oposição entre as ciências nomotéticas (voltadas para a percepção de "nomos", isto é, "leis") e as ciências idiográficas, que trabalham com as singularidades geradas pelos fenômenos humanos e sociais. Em *História e ciência natural* (1894), Windelband discorre sobre o contraste entre o "método nomotético", que, tal como na Física e na Matemática, trataria de leis gerais, e o "método idiográfico", que, a exemplo da História e outras ciências humanas, ocupar-se-ia dos fatos individuais. É significativa, aliás, a observação de Windelband de que não existe propriamente um contraste entre tipos de fatos relacionados a um padrão ou outro, mas sim uma oposição entre abordagens que se voltam para a percepção de leis gerais, e abordagens que se direcionam ao exame das singularidades ou das "formas particulares" (ou seja, os mesmos fatos podem ser tratados de uma perspectiva nomotética ou de uma perspectiva ideográfica, sendo isto o que diferenciaria as ciências de um tipo e outro).

sociedade"[95]. Outro nome importante nesta mesma direção será o de Georg Simmel (1858-1918), sociólogo historicista seguinte à geração de Wilhelm Dilthey[96].

À parte a ideia de que "tudo é histórico" – o que inclui todas as formas de pensamento e tudo o que é produzido pelo homem – a historicidade encontra-se particularmente acentuada nos campos de saber que Dilthey chamou de "ciências do espírito", a um ponto tal em que a estes campos também se torna possível a referência como "ciências históricas", abrangendo não apenas a História como também a antropologia, a sociologia, a geografia humana, ou quaisquer outras das ciências do espírito. Para o Historicismo da vertente que abarca a contribuição de Dilthey, os objetos de todas estas ciências do espírito seriam especialmente históricos. A historicidade, desta forma, adentra o método em cada uma delas, como já adentrara o objeto e o sujeito que produz o conhecimento. Dilthey toca aqui na contradição funda-

---

95. Pode-se indicar ainda o nome de Peter Winch, e particularmente a obra *Ideia de uma ciência social* (1972: 32), para um esclarecimento particularmente claro sobre a separabilidade entre as "ciências da natureza" e as "ciências sociais", as primeiras relacionadas à abordagem da "Explicação", e as segundas relacionadas à abordagem da "Compreensão". Ainda com relação à separação entre os dois âmbitos de produção de conhecimento, mas já recusando a designação de "ciência" aos saberes que se relacionam aos estudos sobre o homem e sobre as sociedades humanas, cf. o ensaio *Mentes, cérebros e ciência*, de Searle (1990: 81). Para um panorama geral das posições a respeito, cf. Hughes, 1987, p. 33-34.

96. Simmel criticará frontalmente o positivismo ao ressaltar que as "ciências históricas", por oposição às "ciências naturais", constituem uma atividade espiritual que coloca questões à realidade e lhe atribui uma significação (apud LÖWI, 1994: 75). Reconhecendo concomitantemente a multiplicidade de pontos de vista e o fato, já apontado por Dilthey, de que cada um deles correspondia a uma visão parcial da realidade, a solução integradora de Simmel será do tipo sintético.

mental da produção do conhecimento científico, em especial aquele que se refere às ciências humanas: a "multiplicidade dos sistemas filosóficos" contrasta, de modo incontornável, com a pretensão de cada um destes sistemas filosóficos à "validade geral". Variedade e historicidade – ou diferença e mudança – irmanam-se na análise de Dilthey sobre o conhecimento. Para além disto cada visão de mundo é, ao seu modo, verdadeira, no sentido de que expressa uma certa dimensão do universo, uma determinada parcela da verdade, sendo vedada ao sujeito que conhece a verdade total[97].

O relativismo historiográfico, seja de acordo com a proposta de Dilthey ou de outros, gera naturalmente os seus problemas na última ponta do processo cognitivo: aquela que corresponde à subjetividade do historiador que produz o conhecimento. Se se pretende alcançar uma espécie de "verdade histórica", como administrar a subjetividade reconhecida pelos historicistas na produção do conhecimento histórico, e portanto no resultado de um trabalho historiográfico específico?

Dilthey não ofereceu uma solução muito bem definida, e quase que parece se imobilizar diante do caráter aparentemente irreconciliável das várias visões de mundo. Simmel proporia uma espécie de "ecletismo do meio-termo", tentando atingir uma média ponderada entre as várias posições

---

97. Na solução que dá (ou não dá) à administração das verdades parciais, considerando impossível superpô-las de modo a constituir uma verdade maior, Dilthey difere de alguns outros historicistas. A solução de Simmel (1922), por exemplo, seria a da síntese das verdades parciais. Já Troeltsch opta pela mistura eclética (1922).

antagônicas. Enquanto isto, outros historicistas esboçaram suas soluções, que podiam ir desde uma solução eclética como a proposta por Ernst Troeltsch (1865-1923) – a de esboçar uma grande síntese cultural da civilização ocidental – até a sofisticada "multiplicação de perspectivas" proposta pela sociologia do conhecimento de Karl Mannheim (1893-1947), um sociólogo húngaro de tendência historicista que recolhe algumas de suas influências no Materialismo Histórico de Georg Lukács (1885-1971). Mannheim acreditava que a "multiplicação de perspectivas" favoreceria no limite uma visão mais completa de um determinado objeto de estudo, e em vista disto propõe, como solução original para as limitações geradas pelo relativismo assumido pelo historicismo, uma "síntese dinâmica" das várias perspectivas unilaterais – síntese esta que deveria ser encaminhada por uma *intelligentsia* eclética, capaz de superar os pontos de vista parciais de cada classe social. Max Weber, um autor ao qual retornaremos, reconhece como sociólogo historicista a multiplicidade de pontos de vista, mas termina por fazer concessões a uma solução positivista que acredita que a neutralidade final poderia ser alcançada através de um rigor metodológico capaz de separar fatos e valores (constatações e julgamentos).

IV | Relativismos

1 Relativismo: para além da contribuição Historicista

As elaborações historicistas no âmbito da Hermenêutica e do reconhecimento da relatividade histórica não constituíram certamente a única fonte e reduto relativista da história do pensamento ocidental. Em 1874, por exemplo, o filósofo inglês Francis Herbert Bradley (1846-1924), em seu ensaio *Pressuposições da crítica histórica*, já chamava atenção para o relativismo que cerca a própria posição do historiador, antecipando as posições presentistas que mais tarde iriam aparecer com maior frequência em seu país. Dizia ele que "o passado muda com o presente, e não pode nunca ser de outra maneira, porque é sempre baseado no Presente" (1935: 20). Esta posição não cessaria de ser reafirmada, conforme veremos em um dos próximos itens, em momentos diversos e por escolas historiográficas variadas do século XX. Benedetto Croce (1866-1952), historicista italiano, imortalizará a frase que mais tarde seria retomada por Lucien Febvre (1878-1956):

"Toda História é Contemporânea"[98]. A Escola Presentista Norte-Americana, com historiadores que vão de Charles Austin Beard (1874-1948) a John Herman Randall (1899-1980), transformaria em sua palavra de ordem este princípio de que cada Presente constrói o seu próprio Passado[99]. Pela mesma época já começavam a se insurgir contra a história metódica francesa os historiadores dos *Annales*, a começar com Marc Bloch e Lucien Febvre, com a sua História-Problema. O século XX, de fato, será o século da relatividade.

A variedade de origens e autorias envolvidas na crítica relativista é particularmente sintomática das mudanças que estavam por ocorrer já desde as primeiras décadas do novo século. É preciso lembrar, de passagem, que não vinha apenas do paradigma historicista aquele "Relativismo" que passaria a predominar francamente no século XX, ainda que sem cancelar as posturas alternativas e favoráveis a um "objetivismo absoluto", que seguirão sendo encaminhadas por neopositivistas. Se o Historicismo desempenhou um papel importante para a difusão do relativismo das ciências humanas, outros campos do saber também trouxeram a sua contribuição, tal como ocorreu com o desenvolvimento da Antropologia Histórica a

---

98. Mais ou menos na mesma época de Croce, Eduard Meyer (1855-1930) já havia proferido a observação, ainda em 1902, de que "a escolha dos fatos depende do interesse histórico manifestado pelos que vivem no tempo presente" (MEYER, 1902: 37).

99. J.H. Randall irá afirmar em seu artigo "On Understanding History of Philosophy" (1939: 462): "É o presente e o futuro em ação no presente que criam o passado e fazem a história. Recriam o passado que é a substância do presente". Mais adiante, ele afirmará, ainda mais categoricamente: "o nosso passado não se encontra no passado como tal, mas no presente, no *nosso* presente" (RANDALL, 1939: 467). Neste mesmo artigo, Randall procurará desenvolver o conceito de "relativismo objetivo", um relativismo que remonta a condições definidas (p. 472).

partir de Franz Boas (1858-1942). De igual maneira, também as antigas críticas nietzschianas às verdades racionalistas, aliadas às diversas crises do conhecimento científico e posteriormente à crise das metanarrativas, favoreceriam cada vez mais a que se fosse aguçando nos historiadores contemporâneos a plena consciência da historicidade de cada ponto de vista.

Hans-Georg Gadamer (1900-2002), historiando uma contribuição hermenêutica que começa a adquirir impulso no século XIX a partir da abordagem ainda romântica do teólogo Schleiermacher (1768-1834), e que avança pela hermenêutica historicista de Dilthey até chegar a *O ser e o tempo* de Heidegger (1927), indica em sua obra máxima – *Verdade e método* (1960) –, mas também na série de conferências que foram publicadas sob o título *A consciência histórica* (1996), esta singularidade maior que seria a do homem contemporâneo: a sua "consciência histórica". A consciência histórica, apresentada pelo filósofo alemão não apenas como um privilégio, mas talvez mesmo como um "fardo", seria uma especificidade que diferencia o homem contemporâneo – entendido como o homem do século XX em diante – de todas as gerações anteriores[100]. Gadamer define a

---

100. A ideia de que a consciência histórica pode ser também um "fardo" já havia aparecido na *2ª Consideração Intempestiva* de Friedrich Nietzsche, na qual o filósofo alemão reflete "Sobre a utilidade e os inconvenientes da história para a vida" (1873): "O animal, de fato, vive de maneira a-histórica: ele está inteiramente absorvido pelo presente, tal como um número que se divide sem deixar resto; ele não sabe dissimular, não oculta nada e se mostra a cada segundo tal como é, por isso é necessariamente sincero. O homem, ao contrário, se defende contra a carga mais esmagadora do passado, *que o lança por terra ou o faz curvar*, que entrava a sua marcha como um tenebroso e invisível fardo. Ele pode ocasionalmente pretender negar este fardo e, no trato com os seus semelhantes, negá-lo de bom grado, a fim de despertar neles a inveja. Mas ele se comove ao ver o rebanho no pasto, como se estivesse lembrando de um paraíso perdido [...]" (NIETZSCHE, 2005: 71).

consciência histórica como o privilégio do homem moderno de ter "plena consciência da historicidade de todo o presente e da relatividade de toda a opinião" (1998: 17).

Eis aqui – na intensificação da "consciência histórica" tal como formulada por Gadamer a partir da tradição hermenêutica, na tendência crescente do historicismo relativista a vencer cada vez mais o sempre aberto debate contra o cientificismo e o positivismo nas ciências humanas, e na reintensificação das ideias de Nietzsche através de autores como o Michel Foucault de *A verdade e as formas jurídicas* (1973) – o ambiente intelectual que favorecerá uma implacável crítica à ideia de se reconstituir em termos absolutos a Verdade da História, tal como tinha sido a pretensão da maior parte dos historiadores do século XIX, sobretudo os ligados de um modo ou de outro ao paradigma positivista. Outros aspectos, ainda mais, poderiam ser citados como reforçadores do ambiente que favorece a crítica ou a relativização historiográfica da Verdade, e que consequentemente trazem implicações para a necessidade de repensar o papel da objetividade e subjetividade na prática historiográfica – aspectos entre os quais poderia ser também mencionada a emergência das pesquisas freudianas sobre o inconsciente, noção também incorporada por muitos historiadores, ou mesmo a própria emergência de novos paradigmas alternativos que surgem entre as ciências exatas, antes unificadas pelo modelo newtoniano da Física e agora abertas a novas propostas como a da "teoria da relatividade" ou a "física quântica".

Toda esta vasta complexidade constitui um fundo que termina por favorecer o paradigma historicista (mas também o paradigma do materialismo histórico, que depois discutiremos) por oposição ao paradigma positivista, particularmente no que se refere aos estudos históricos. Para concluir o paralelo inicial entre estes dois grandes paradigmas das ciências das sociedades no século XIX – o Historicismo e o Positivismo – seria importante atentar para o fato de que não há nenhuma necessidade de que um historiador ou cientista da sociedade, naquele século ou em outro, localize-se inteira e exclusivamente dentro de um único modelo. A dicotomia entre Positivismo e Historicismo é útil para a compreensão dos modelos essenciais que se colocam como geradores de alternativas no quadro das ciências humanas (outro modelo, conforme oportunamente veremos, será o do Materialismo Histórico). Mas na prática e na sua singularidade, os historiadores e cientistas sociais podem combinar aspectos de um modelo e outro, colocar-se entre eles – situar-se, em relação a determinada questão, a meio caminho entre Historicismo e Positivismo.

Já trouxemos o exemplo da Escola Metódica da historiografia francesa do final do século XIX – constituída por historiadores que rendem homenagem ao Positivismo, mas não chegam a realizá-lo na prática, uma vez que seus principais expoentes não estão nem um pouco preocupados em encontrar leis gerais para a História, mas sim, em sua maioria, em apenas descrever factualmente as singularidades dos processos históricos: "narrar os fatos", em alguns casos tão somente isto. Alguns destes historiadores metódicos combinam uma certa reverência positivista com a factualidade do Historicismo mais retrógrado. Não são nem uma coisa nem outra, rigorosamente: nem positivistas, nem historicistas.

Heinrich Rickert (1863-1936), filósofo da história de orientação neokantiana, oferece-nos outro exemplo. De modo geral, ele acompanha, ainda que mais discretamente, a virada relativista empreendida pelo setor mais avançado do Historicismo em termos de reconhecimento da subjetividade do historiador no processo de produção do conhecimento histórico. Ele reconhece, por exemplo, que o historiador ou cientista social traz consigo valores que o direcionam à escolha de tal ou qual objeto de estudo. Contudo, acredita que ainda assim é possível atingir uma "objetividade científica" (bem próxima do que desejaria um positivista) porque existiriam certos valores universais – como a "verdade", a "liberdade" – que por todos seriam aceitos e que por isso se mostram capazes de fundamentar a universalidade e de, consequentemente, viabilizar a possibilidade de alcançar objetividade científica na produção do conhecimento sobre as sociedades humanas (LÖWY, 1994: 35). Partindo da perspectiva de Rickert, também o sociólogo-historiador Max Weber sustentaria uma ambição bastante análoga de alcançar objetividade científica, e por isso há autores que também classificam este sociólogo alemão como um "historicista positivista", ou ao menos como um historicista que apresenta uma pretensão em comum com o pensamento positivista[101]. Estes são apenas alguns exemplos, pois poderiam ser citados inúmeros outros.

Será oportuno acrescentar ainda que, se foi possível indicar aqui alguns exemplos de interações e combinações entre Historicismo e Positivismo, também é perfeitamente possível considerar os imbricamentos entre qualquer um destes dois paradigmas e o terceiro paradigma historiográfico que examinaremos oportunamente, o Materialismo Histórico. O entrecruzamento entre o Positivismo e o Materialismo Histórico, por exemplo, dá-se naqueles autores que acreditam ser possível fazer das ciências sociais uma ciência quase exata, mas que trabalham com outros aspectos e conceitos que, de outra parte, já pertencem aos quadros teóricos do Materialismo Histórico. Enrico Ferri, um materialista histórico ligado à social-democracia italiana, expressa uma certeza quase matemática acerca do advento de uma revolução socialista. Sua preocupação com a supressão das desigualdades sociais, e sua leitura de Marx, o levam a se posicionar na esfera de ambiência do Materialismo Histórico; mas

---

101. Não há como não considerar Weber como historicista no que se refere ao reconhecimento de que o historiador ou o cientista social acha-se mergulhado em um complexo de "pontos de vista" (*gesichtpinkte*) que interfere nos vários momentos da investigação: a escolha do objeto de conhecimento; a orientação da direção da investigação empírica; a determinação da importância (ou desimportância) de cada aspecto examinado; a construção do aparelho conceitual; a definição da problemática da pesquisa (WEBER, 1965: 151-152). Também é clara a crítica do sociólogo alemão às pretensões de se encontrar, para as ciências históricas, leis de tipo científico-natural. Apenas no que se refere à sua análise das condições de possibilidade de objetividade do conhecimento científico-natural – ou seja, na pretensão final de atingir um tipo de objetividade pelo historiador, apesar da subjetividade inicial – é que encontraremos essa aproximação de Weber em relação ao campo positivista, que de resto ele costuma criticar em seus ensaios.

a "certeza matemática" com a qual expressa sua ideia de que "o socialismo é uma fase espontânea e natural da evolução humana" – uma fase "inevitável" e "irrevogável" a ser alcançada pelas sociedades humanas, levam-no a dar, à sua concepção sobre a sucessão de modos de produção que conduz ao Socialismo, uma certeza de lei. Em sua obra sobre *Socialismo e Ciência Positiva* ele chega a utilizar noções como a de "evolução humana" – e ajustá-las a um quadro de referências teóricas que une Darwin, Spencer e Karl Marx – com vistas a afirmar uma concepção teleológica que parece prever "quase matematicamente" o advento do Socialismo (FERRI, 1906: 114).

Conforme se pode ver, as ambiguidades, mediações e imbricamentos entre os paradigmas historiográficos são perfeitamente possíveis. Os historiadores, sociólogos e cientistas humanos, de maneira geral, não precisam se enquadrar necessariamente no interior de um paradigma puro. Suas obras não raramente são dotadas de complexidades várias, suas trajetórias pessoais são dinâmicas, e suas posturas historiográficas apresentam particularidades próprias. O enquadramento em um determinado paradigma é, em muitos casos, apenas uma referência para estudo.

2 Considerações sobre as dimensões historicistas da subjetividade que afeta o historiador

Nos itens anteriores, pudemos vislumbrar o grande diálogo de confronto que se entreteceu, na historiografia do século XIX, entre os paradigmas Positivista e Historicista. O cerne deste diálogo, conforme também pudemos observar, foi a eterna contradança entre Objetividade e Subjetividade na operação historiográfica. Positivistas e Historicistas tenderam a dar respostas distintas a este complexo jogo entre o desejo de construir um conhecimento objetivo, e a incontornável subjetividade que afeta os diversos momentos da operação historiográfica. Possivelmente, este confronto entre Objetividade e Subjetividade sempre perpassará a História, não importa o quanto ela se transforme no que concerne a seus objetivos, modos de expressão e instâncias práticas. Por isto, o contraste entre os paradigmas Positivista e Historicista não se encerra com o século XIX. De fato, a querela entre os dois paradigmas historiográficos seria assimilada de novas maneiras pelo século XX, e impulsionada para novas direções nos tempos contemporâneos[102].

De modo geral pode-se dizer que, um pouco em detrimento do paradigma Positivista, o novo século traria maior projeção aos paradigmas Historicista e Materialista-Histórico,

---

102. Para além disto, surge já no século XIX, e daí se estende também para o século XX e além, o terceiro grande paradigma historiográfico por ordem de surgimento, que é o do Materialismo Histórico. Este terceiro paradigma adentra, igualmente, a discussão sobre as relações entre objetividade e subjetividade na operação historiográfica. Os pontos de vista dos teóricos e historiadores marxistas variam muito, mas uma posição clássica no debate do início do século foi oferecida por Lukács em *História e consciência de classe* (1923), que procurou depreciar de um lado o paradigma Positivista, que buscava fomentar a inação revolucionária ao fazer de cada fenômeno histórico o exemplo de uma lei natural, e, de outro lado, o paradigma Historicista, que encarava depois de cada época o seu sentido processual e a encarava como uma "individualidade irredutível". Lukács considerava estas duas posições, em sua análise, como dois modos liberal-burgueses de representação da história, que terminam por verter a história em mera mercadoria.

assim como abriria maior espaço para as contribuições historiográficas mais atentas aos níveis de subjetividade que rondam a produção de qualquer conhecimento humano. Pode-se dizer que a própria natureza do conhecimento histórico, de alguma maneira, favorece particularmente a percepção de que qualquer discurso é relativo. Assim como desde cedo o historiador aprende a perceber a relatividade de qualquer discurso trazido por uma fonte histórica, é difícil que as habilidades aprendidas com a "operação historiográfica" não favoreçam a possibilidade de que os historiadores terminem por voltar estas mesmas habilidades contra o seu próprio discurso. Como não perceber que o próprio discurso do historiador é, ele mesmo, uma fonte histórica para outras épocas – e que, portanto, deve ser submetido aos mesmos processos de "crítica documental" que os historiadores costumam fazer incidir sobre as suas próprias fontes? A relatividade das fontes históricas e a relatividade do próprio historiador são, naturalmente, duas faces de uma mesma moeda.

Sobre o complexo de subjetividades que afetam a própria posição do historiador, será útil avançar em algumas considerações mais aprofundadas que têm sido encaminhadas pelos historiadores recentes. Klaus Füssmann (1994), em uma importante reflexão que logo seria retomada por Jörn Rüsen (1996), já chamava atenção para o fato de que o complexo de subjetividades que afetam o historiador desdobra-se em quatro dimensões fundamentais: a Perspectividade, a Retrospectividade, a Particularidade e a Seletividade. Consideremos, passo a passo, cada um destes itens característicos.

A Perspectividade refere-se à relação entre Presente e Passado, e sintetiza-se no célebre dito de Benedetto Croce que afirma que "toda história é contemporânea". Qualquer época coloca a si mesma novos problemas e impõe a seus historiadores um certo horizonte de perspectivas. Por outro lado, a Retrospectividade remete às relações entre Futuro e Passado de uma maneira bastante específica. Não raro um historiador desenvolve certas projeções ou expectativas sobre o futuro. Tal como salienta Rüsen (1996: 89), "interesses subjetivos, normas e valores, aspirações e ameaças", bem como outras expectativas sobre o futuro, podem influenciar decisivamente a leitura de um historiador sobre o passado. Tal, por exemplo, seria o caso de uma gama muito ampla de perspectivas teleológicas (isto é, de expectativas de que a história chegará a um determinado estado), das quais encontraremos exemplos nas utopias Iluministas sobre uma humanidade que finalmente atingiria o império da Razão Absoluta, ou também nas expectativas marxistas sobre a inevitabilidade do socialismo como estágio final do desenvolvimento humano. Quando o historiador constrói uma determinada expectativa sobre o futuro, esta, de uma maneira ou de outra, pode afetar a sua leitura do Passado. É como se o Futuro previsto ou desejado pelo historiador (venha ou não a acontecer) terminasse por estender sua influência sobre o Passado reconstruído por este mesmo historiador. Este termina por elaborar a sua leitura histórica com vistas a justificar, de uma maneira ou de outra, as expectativas que tem acerca do futuro.

A Particularidade, conforme as considerações de Füssmann, refere-se à questão da identidade. Todo historiador está inserido na construção de identidades. Se ele nasceu em determinado lugar ou se identifica com determinado país, estará inserido na construção coletiva de uma certa identidade nacional. Isto afetará a sua leitura historiográfica, como poderá afetá-la também a sua pertença a determinada religião, etnia, ou grupo social. Deste modo, a subjetividade do historiador dá-se no entrecruzamento de particularidades várias (isto é, de envolvimento com a construção de identidades diversas). Para se pensar esta correlação entre as várias particularidades pode-se utilizar, para acompanhar uma pertinente proposta encaminhada por Jörn Rüsen, o conceito de "intersubjetividade". "Na medida em que cada identidade é particular, a intersubjetividade, relativamente à diferença entre as particularidades, é uma questão de como correlacionar estas particularidades" (RÜSEN, 1996: 98). Também teremos um tipo de intersubjetividade na relação entre as intersubjetividades específicas de cada historiador. Isto para além do fato de que as próprias dimensões da "perspectividade", da "retrospectividade" e da "particularidade" também produzem uma relação intersubjetiva.

A Intersubjetividade, reunindo tudo o que foi dito, refere-se à relação entre as várias dimensões que afetam o sujeito que produz o conhecimento histórico, à interação das várias particularidades, a tudo o que faz do historiador um sujeito singular e que dificulta qualquer projeto de radical "neutralidade" diante do processo de produção do conhecimento histórico. No limite, a própria comunidade dos historiadores constitui uma rede de intersubjetividades, na qual cada ponto afeta de alguma maneira o outro, produzindo indeléveis ou explícitas pressões que impõem um certo horizonte de possibilidades à produção do conhecimento histórico em determinada época, em determinada espacialidade, em determinada comunidade historiográfica. Resistir de alguma maneira à rede de intersubjetividades que é constituída pela totalidade da comunidade de historiadores é possível a um historiador específico, e de fato isto ocorre, caso contrário as inovações seriam bastante dificultadas, mas trata-se de todo modo de um processo complexo, por vezes gerando movimentos imprevisíveis, e que se dá ainda em interação com o contexto histórico mais amplo.

Por fim, para retomarmos as dimensões propostas por Füssmann, teremos a *Seletividade* – um aspecto interferido pelos três primeiros – e que corresponde ao modo como a subjetividade afeta o conteúdo empírico, aquilo que será selecionado como fonte histórica ou aquilo que poderá ser extraído da fonte de acordo com uma determinada perspectiva. Ou, nas palavras de Jörn Rüsen:

> Somente um certo tipo de informação extraída do material das fontes torna-se relevante para a pesquisa, ou seja, aquele que vai ao encontro da operação subjetiva de produção de sentido, significado e significação do passado para os problemas de orientação do presente (RÜSEN, 1996: 90).

Historiadores de diferentes épocas (afetados por distintas "perspectividades"), com diferentes expectativas sobre o futuro (sujeitos a produzir diversificadas "retrospectividades"), e mergulhados nas suas singulares "particularidades" (pertença a identidades diversas), selecionarão elementos distintos das fontes históricas por eles constituídas. Da documentação disponível, das evidências que poderiam estar acessíveis à operação historiográfica, dos conteúdos empíricos diversos, da experiência histórica, enfim, os diversos historiadores só conseguirão extrair determinadas informações e não outras, só poderão elaborar certas leituras que se relacionam aos problemas e horizontes de leitura que os afetam.

A escolha ou constituição do próprio tema de estudo é ela mesma produto de uma intersubjetividade que se tornou possível em determinadas condições. Estudar a História da Loucura, por exemplo, tornou-se possível nas últimas décadas do século XX; a nenhum historiador do século XIX ou XVIII ocorreria de constituir a loucura como objeto de pesquisa historiográfica. Também não é por acaso que no século XX – quando a mulher se afirma no mercado de trabalho, na conquista de uma cidadania plena, no mundo cultural – surjam inúmeros estudos sobre a História da Mulher e sobre as relações de gêneros. Do mesmo modo, é também neste mesmo século, no qual se tornam expressivos os movimentos de massa e a industrialização se intensifica extraordinariamente, que surgirá uma História do Trabalho, uma História do Movimento Operário, e, mais tarde, uma História dos Grupos Subalternos. Obviamente que as exceções existem, o que apenas confirma a regra. No século XIX, Jules Michelet (1798-1874) se arriscaria a escrever sobre a *Mulher* (1844), a *Feiticeira* (1862), o *Povo* (1845). E, em 1835, John Wade (1788-1875) havia já escrito uma *História das classes médias e trabalhadoras* (1833).

Outro exemplo de Seletividade refere-se aos fatos históricos. Um fato histórico não existe por si mesmo. Ou, como dirá Jörn Rüsen:

um tal fato não possui sentido, significado ou significância especificamente históricos em si próprio. Ele se reveste deste sentido "histórico" apenas numa determinada relação temporal e semântica para com outros fatos. Essa relação é produzida pela interpretação histórica (RÜSEN, 1996: 91).

Edward Carr, em sua obra *O que é História* (1961), ilustrava esta questão com um exemplo bastante significativo. Atravessar um riacho poderá ser considerado um fato histórico? Dizia Carr que "é o historiador quem decide por suas próprias razões que o fato de César atravessar aquele pequeno riacho, o Rubicão, é um fato da história, ao passo que a travessia do Rubicão por milhões de outras pessoas antes ou desde então não interessa a ninguém em absoluto" (CARR, 1982: 15)[103].

---

103. O Rio Rubicão – um riacho italiano que hoje possivelmente coincide com o Rio Pisciatello – ficou celebrizado na História da Antiguidade pela sua posição estratégica e administrativa, já que seu curso d'água assinalava a divisa entre a província romana da Gália Cisalpina e o território que se ligava à jurisdição de Roma. O Direito Romano, no período da República, proibia qualquer general romano de atravessá-lo com tropas ao retornar de campanhas ao norte de Roma, pois dada a posição estratégica da região isso possibilitaria manobrar grandes contingentes de tropas militares no núcleo próprio do Império Romano, o que poderia ensejar ameaças ao poder central. Na época do Triunvirato, o poder romano estava partilhado por César, Pompeu e Crasso. A certa altura, Crasso morreu em uma manobra militar desajeitada, ao atravessar um vale estreito em uma batalha contra os sírios que terminou por permitir que estes massacrassem o seu exército (data daí a expressão "erro crasso", conforme já pode ser visto em PLUTARCO. *Vida de Crasso*). Desfeito o Triunvirato, que permitia um certo equilíbrio entre os três generais, o confronto entre César e Pompeu seria inevitável. Neste contexto, Júlio César terminou por atravessar o Rubicão em 49 a.C., o que correspondia simultaneamente a uma violação da lei e a uma declaração de guerra que anunciava a determinação de controlar o poder total sobre o Império. Ao atravessar o riacho, César teria proferido a célebre frase "Alea jacta est" ("a sorte está lançada"). Depois disso, a frase "atravessar o Rubicão" passou a ser utilizada sempre que alguém decide empreender uma decisão arriscada e irrevogável.

Rigorosamente, é o problema historiográfico que se tenha em vista o que poderá definir se o ato de Júlio César ter atravessado o Rubicão com suas tropas, em 49 a.C., de modo a declarar guerra a Pompeu, será mesmo um fato histórico ou não. Para uma História Política do Império Romano, este certamente será um fato de primeira ordem. Mas para uma História Demográfica do Império Romano, a travessia do Rubicão por César não terá qualquer importância, enquanto que o fato de milhares de pessoas o terem atravessado em correntes migratórias é que poderá adquirir relevância. O problema, o enfoque, a conexão de modalidades históricas que se constitui ao se delimitar um objeto de estudos[104] é que permitem aos historiadores selecionarem um fato, dentre a infinidade de outros acontecimentos, para o configurarem em um "fato histórico". A formulação de problemas, por outro lado, estes e não aqueles, corresponde precisamente a esta dimensão que poderemos chamar de "seletividade".

3 Objetividade e Subjetividade histórica no século XX: a reedição da oposição entre Positivismo e Historicismo

O aprofundamento da consciência histórica acerca das intersubjetividades que afetam toda e qualquer operação historiográfica seguem pelo século XX adiante. De igual

---

104. Sobre as conexões de modalidades historiográficas que se estabelecem na constituição de determinado objeto de estudo, cf. Barros, 2004.

maneira, autores como Collingwood (1889-1943), em *A ideia de História* (1946), e diversos outros, contestaram a proposta de equiparação entre os modelos das Ciências Humanas e das Ciências Exatas no que se refere às possibilidades de que um e outro destes âmbitos disciplinares possam convergir para o mesmo padrão de objetividade.

Surgiriam ainda formas bastante radicais de relativismo historiográfico, e também propostas inéditas de lidar com esta relatividade. Para o já mencionado historiador Robin George Collingwood, o passado não é diretamente observável mesmo a partir de uma criteriosa e sistemática análise das fontes, sendo por isto necessário que o historiador reviva o Passado em sua mente através de uma operação na qual assume destacada importância a "imaginação histórica". Neste sentido, a História não poderia postular alcançar um tipo de objetividade análogo à das ciências naturais, e a operação historiográfica achar-se-ia radicalmente imersa na subjetividade do historiador. Rigorosamente falando, acrescenta Collingwood, a história não tem por objeto as coisas pensadas (os acontecimentos em si mesmos), mas sim os pensamentos ("o próprio ato de pensar").

É também uma posição de vigorosa crítica à ideia de verdade histórica absoluta a que será trazida pela Escola Presentista Norte-Americana, através de autores da primeira metade do século XX, tais como Charles Beard (1874-1948) e Carl Becker (1873-1945). Beard polemizará contra o Positivismo, e ao mesmo tempo contra o setor do Historicismo que considerava mais retrógrado, que neste caso procurará concentrar simbolicamente na figura de Leopold von Ranke. O debate polarizado em torno da figura de Ranke havia retornado ao cenário central das discussões historiográficas norte-americanas através de um artigo escrito em 1909 por George Burton Adams (1851-1925) para a *American Historical Review*. Burton Adams evocara a figura de Ranke, com vistas a empreender uma apologia da objetividade e neutralidade em História (*AHR*, n. 14, 1909: 221-236), e Charles Beard (1874-1948)[105] escolhera precisamente o velho ídolo historicista, retomado emblematicamente pelos neorrankeanos do século XX, para iniciar uma vigorosa polêmica na própria *American History Review* (BEARD. *AHR*, n. 39, 1934).

Theodore Clark Smith (1870-1960) contra-atacaria com novas proposições pró-rankeanas em um artigo produzido em 1934 (*AHR*, n. 40, p. 439-449), e Beard replicaria mais uma vez com um famoso artigo que foi intitulado *That Noble Dream* (*AHR*, n. 41, 1935, p. 74-87), na verdade um título através do qual ironizava uma expressão empregada pelo próprio Theodor Smith na réplica anterior[106]. Instalava-se, aqui, um novo debate sobre a objetividade histórica e sobre a neutralidade científica possível ao historiador. A argumentação de Charles

---

105. Charles Austin Beard (1874-1948) foi um dos maiores nomes da historiografia norte-americana do início do século, publicando uma grande quantidade de textos historiográficos seja na área de História, como nas áreas de Economia e Ciência Política. Uma de suas mais conhecidas obras foi a *Interpretação econômica da Constituição dos Estados Unidos* (1913).

106. Este foi o trecho de Theodor Smith em seu artigo de 1934 para o n. 40 da *American History Review*, depois criticado por Charles Beard: "It may be that another fifty years will see the end of an era in historiography, the final extinction of a noble dream, and history, save as an instrument of entertainment, or of social control will not be permitted to exist. In that case, it will be time for the American Historical Association to disband, for the intellectual assumptions on which it is founded will have been taken away from beneath it. My hope is, none the less, that those of us who date from what may then seem an age of quaint beliefs and forgotten loyalties, may go down with our flags flying" (SMITH, 1935: 439).

Beard em seus artigos, assim como a réplica de seus comentadores, são particularmente interessantes para o estudo das ambiguidades paradigmáticas que se apresentam no caso de autores que se colocam a meio caminho entre um paradigma e outro, pois Charles Beard desde logo chamava atenção para as contradições de Ranke: um historicista (por ele visto como "positivista") que havia advogado a imparcialidade do historiador com vistas a narrar objetivamente os fatos, mas que em sua própria época assumira clara e declaradamente posições subjetivas, tal como uma determinada crença religiosa e uma nacionalidade ligadas ao mundo germânico. Ou seja, Leopold von Ranke mostrava-se aqui claramente mergulhado no "espírito de partido". Como pretender, então, a imparcialidade? Esta era a provocativa indagação que Beard lançava ao ar.

De fato, em *That Noble Dream* (1935), Charles Beard recolocaria a famosa ambição de neutralidade de Ranke mais uma vez na berlinda, ironizando o seu "majestoso ar de imparcialidade" e a sua "ingênua crença" de que teria descrito o passado como este realmente ocorrera ao "escrever sobre os papas de modo a agradar católicos e protestantes das altas classes" (BEARD, 1935: 166)[107]. Neste mesmo artigo, Beard iria listar uma série

---

107. Com este exemplo, Beard está se referindo à *História dos papas nos quatro últimos séculos*, escrita por Ranke em 1836. Rigorosamente falando, a crítica de Beard a Ranke, reduzindo-o a um "puro objetivista", não é inteiramente justa. Voltaremos a esta questão em uma análise específica de Ranke no vol. 4 desta obra: "Acordes historiográficos". Ali veremos que o famoso dito de Ranke – "contar os fatos tais como estes aconteceram" – sofreu de modo geral uma superinterpretação de diversos críticos, atribuindo a Ranke uma tonalidade positivista que ele de fato não tinha. Na verdade, poderemos encontrar esta "ingenuidade objetivista" mais nos neorrankeanos do final do século XIX do que em Ranke, tal como encontraremos o dogmatismo marxista muito mais em alguns autores leninistas e stalinistas da primeira metade do século XX do que em Marx ou Engels.

de instâncias que efetivamente parecem tornar impossível para a História o tão propalado "sonho da objetividade". Desde os aspectos operacionais do trabalho historiográfico – tais como o fato de que o historiador só se aproxima do passado através de mediações, ou ainda a inevitabilidade de que sempre estará fazendo seleções de fatos e procedendo a leituras parciais e interpretativas dos acontecimentos – até às instâncias "ética" e "estética" que estão necessariamente envolvidas tanto nos acontecimentos analisados como na leitura e escrita que deles fará o historiador, Beard cuidou de empreender um verdadeiro balanço das intersubjetividades que afetam o trabalho historiográfico. Com isto, antecipava em muitas décadas balanços similares que posteriormente seriam elaborados por Klaus Füssmann (1994) e por Jörn Rüsen (1996) a respeito das intersubjetividades historiográficas, os quais já comentamos no item anterior.

O fato de que Leopold von Ranke ter um dia afirmado a sua pretensão de "contar os fatos tal como eles aconteceram", o que ocorrera na introdução de sua obra sobre *Os povos românicos e teutônicos* (1824), faz com que alguns estudiosos, além do já mencionado historiador norte-americano Charles Beard, insistam em classificá-lo até mesmo como "positivista". Este é o caso, por exemplo, do filósofo polonês Adam Schaff em seu ensaio *História e verdade* (SCHAFF, 1978: 101). Rigorosamente falando, isto não é nem um pouco adequado, pois o maior mérito de Ranke foi o de dar efetivamente os primeiros passos mais concretos para a construção de um novo paradigma historiográfico – o Historicismo – mesmo que frequentemente os primeiros desbravadores da nova perspectiva teórica ainda estivessem presos a uma maneira de pensar ainda ancorada na ideia de se conduzir através de certa "neutralidade científica". Há uma grande controvérsia em torno do verdadeiro sentido do célebre dito de Ranke sobre a possibilidade de narrar os fatos "tal como eles aconteceram". De nossa parte, acreditamos que categorizar Ranke como "positivista" fere a compreensão de que ele trouxe na verdade uma das primeiras contribuições a um "Historicismo em construção".

De fato, já fizemos notar que foi gradualmente que o Historicismo, ao longo do século XIX, logrou construir seus pressupostos fundamentais – isto é, o seu paradigma na sua forma mais pura. Esta corrente historiográfica não se encontrava essencialmente pronta no início do século XIX, tal como ocorria com o Positivismo, que apenas precisara reverter ideologicamente certos pressupostos que já haviam sido bem elaborados pelo pensamento Iluminista, de modo a atender agora aos objetivos conservadores da Europa pós-napoleônica. Assim, muito da confusão que se estabelece com alguns autores que preferem denominar Ranke como "positivista", quando na verdade ele era, ao contrário, o "pai do historicismo", remete à não percepção de que Ranke foi pioneiro de um "historicismo em construção". No vol. 4 desta série teremos oportunidade de examinar mais de perto a perspectiva de Ranke, e deste modo a sua especificidade historiográfica poderá ficar bem mais clara[108].

---

108. É ainda importante diferenciar Ranke, fundador de um "Historicismo em construção", dos "neorrankeanos" que já surgem tardiamente no século XX, aferrados à pré-história do Historicismo pleno em uma época que o paradigma já tinha se completado a partir da contribuição de autores como Droysen e Dilthey. Em meados do último século, Hans Liebeschutz (1954) e Eberhard Kessel (1954) extraíam importantes consequências desta distinção necessária entre Ranke e os neorrankeanos. Cf. o ensaio de Liebeschutz de 1959 para a *Historical Association* (vol. 26), e também o artigo de Kessel para o *Historische Zeitschrift* intitulado *Rankes Idee der Universalhistorie* (1954).

Outro presentista que radicaliza no século XX a posição do historicismo relativista é Carl Becker (1873-1945). Também inserido na Escola Presentista Norte-Americana, Becker irá acentuar ainda mais a afirmação de que o Presente reconstrói o Passado. Para ele, o relativismo atinge tal grau de intensidade que cada indivíduo transforma-se, ele mesmo, em historiador, recriando uma história diferente (BECKER, 1932: 222). É muito interessante percebermos aqui, décadas antes, a base de um pensamento que levaria nos anos 1980 a uma reavaliação do papel recriador do leitor de história por Paul Ricoeur (1985). Isto que mais tarde seria tratado por Ricoeur como um retorno da História ao vivido parece ter sido pensado de alguma maneira por Carl Becker ao fazer notar que o indivíduo "não pode lembrar dos acontecimentos passados sem os ligar, de um modo sutil, às suas necessidades ou ao que desejaria fazer" (BECKER, 1932: 227). Deste modo, a história torna-se, de acordo com Becker, "uma propriedade privada que cada um de nós molda em função da sua experiência pessoal, adapta às suas necessidades práticas ou afetivas, e ornamenta segundo o seu gosto estético" (p. 227-228). Isto posto, reconhece Becker, a presença de outros indivíduos em interações impede que cada indivíduo-historiador construa uma história inteiramente pessoal, totalmente derivada de sua própria imaginação. A rede de indivíduos em interação permite também um fundo comum, um Presente-Passado com certas características no interior do qual surgem as variações individuais. É aliás impressionante poder perceber, nestas palavras de Carl Becker, algo da futura discussão sobre o "campo da experiência" e o "horizonte de expectativas" (o "passado" e o "futuro") que, décadas depois, Koselleck desenvolveria em *Futuro Passado – Contribuição à semântica dos tempos históricos* (1979). Em Carl Becker, já encontraremos esta notável antecipação de uma discussão que retornaria em fins do século XX:

> Quando os tempos são calmos, [os historiadores] estão normalmente satisfeitos com o passado [...]. Mas nos períodos tempestuosos, quando a vida parece sair dos seus quadros habituais, aqueles que o presente descontenta estão igualmente descontentes com o passado. Em tais períodos, os historiadores estão dispostos a submeter o passado a um severo exame [...] a proferir veredictos [...] aprovando ou desaprovando o passado à luz de seu descontentamento atual. O passado é uma espécie de écran sobre o qual cada geração projeta a sua visão do futuro, e, por tanto tempo quanto a esperança viva no coração dos homens, as "histórias novas" se sucederão (BECKER, 1935: 168-170)[109].

De todo modo, quanto à querela da neutralidade histórica, que pudemos ilustrar a partir da polêmica sobre Ranke retomada pelos historiadores norte-americanos, podemos encerrar este item evocando as pertinentes observações de Arno Wehling (1973: 198-199), sobre o fato de que existem

---

109. Também no artigo de 1932, entre outros itens arrolados para atestar a sua ideia de inevitabilidade do subjetivismo histórico, veremos as seguintes palavras de Becker: "O historiador não pode eliminar a sua 'equação pessoal' ('o presente é um produto do passado', mas a recíproca é verdadeira e também o passado é um produto do presente)" (BECKER, 1932).

na verdade diversos tipos de imparcialidades historiográficas, e não apenas um. Cada tipo de imparcialidade, e eles não necessariamente se interpenetram nas obras de cada historiador, pode se relacionar a posições do sujeito-historiador frente à metodologia, à epistemologia, ou à ideologia. Retomando Wehling, a "objetividade" e seus tipos podem ser classificados em relação a três posições fundamentais: "A posição metodológica, a posição epistemológica, a posição ideológica" (WEHLING, 1973: 198).

Por exemplo, quando se diz que um historiador pretende uma "imparcialidade ideológica", devemos nos perguntar se, com isto, ele acredita de fato que a sua visão de mundo e opiniões políticas podem ser de fato "neutralizadas", ou se ele está simplesmente propondo a abstenção de um "engajamento político" do historiador. Neste último caso, Wehling situa a contribuição de Ranke, um historiador que teria advogado um (1) "objetivismo interpretativo não participante". No caso, o modelo historicista rankeano teria proposto a seguinte combinação: "método crítico; predomínio do político; destaque das ideias imanentes para apreciá-las em seu contexto; historicização do conhecimento; reconhecimento da limitação natural do historiador; apregoamento da necessidade de isenção; descarte do "ideológico" no trabalho histórico" (WEHLING, 1973: 199).

Quando olhamos sob esta perspectiva, tudo fica mais claro. Os historiadores Sybel (1817-1895) e Treitschke (1834-1896) – participantes, como Ranke, da Escola Histórica Alemã – foram críticos do fundador do Historicismo não porque discordavam da "neutralidade metodológica" proposta por

Ranke, mas tão somente porque discordaram de sua "neutralidade ideológica" (ou seja, do não engajamento de Ranke nas questões políticas de seu tempo, em especial uma atuação política nada participante em relação ao programa de unificação alemã na segunda metade do século XIX). Sybel e Treitschke são historicistas que apenas semitonam em um aspecto em relação a Ranke: a posição ideológica formalmente assumida[110]. Arno Wehling os classifica como autores ligados ao (2) "objetivismo interpretativo participante" (p. 199).

Vemos então que tanto Ranke como Sybel podem ser classificados como "objetivistas interpretativos", mas sendo que o primeiro propõe-se a ser "não participante" (não engajado), e o segundo postula a necessidade de que o historiador seja "participante" (o que, para Sybel, nada mais significa do que o "engajamento político" nas questões de seu país e em sua época). A questão aqui é apenas a seguinte: "O historiador deve tomar partido nas questões políticas específicas de seu tempo, tornando-se ele mesmo uma espécie de "ativista político"? Vamos lembrar que no Quadro inicial de "Perguntas sobre a História", com o qual iniciamos este volume, esta questão está lá colocada. Respondê-la de uma maneira ou de outra faz parte da liberdade de escolha do historiador. Proibir ou obrigar o engajamento são simultaneamente gestos de repressão ou do que já se chamou de "patrulha ideológica".

---

110. Na historiografia francesa da mesma época, teríamos Thiers (1797-1877) e Guizot (1787-1874) como exemplos de historiadores ligados ao "objetivismo interpretativo participante".

A neutralidade, que em Ranke (e Sybel ou Treitschke) fora apenas colocada como uma questão de "posição metodológica" – e que em um caso se apresentou também como uma intenção ou forma específica de "neutralidade ideológica" (Ranke) – também pode vir agregada de uma "posição epistemológica". Este é o caso daqueles que postulam a possibilidade de que a História se torne uma ciência exata. Wehling propõe classificar esta corrente nos quadros de um (3) "Objetivismo Radical". É somente aqui que adentramos a postura dita "Positivista". Os dois primeiros tipos ainda se situam perfeitamente na esfera possível do Historicismo (e também é por isto que Ranke não pode de maneira nenhuma ser classificado como um "positivista"). Vamos retomar os comentários de Arno Wehling. O "objetivista radical (factualista)", agrega, ao rigor científico e metodológico, "conclusões epistemológicas", tais como "o conhecimento integral do fato histórico, o atomismo dos dados, o caráter definitivo da informação" (WEHLING, 1973: 1.999). Os historiadores que se alinham a esta prédica de neutralidade epistemológica são aqueles que, como os Positivistas, buscavam as "leis do comportamento histórico", ou então aqueles que, tal como Fustel de Coulanges, acreditavam que, quando o historiador falava, não era ele que estava falando, "mas sim a própria História" (frase atribuída a Fustel de Coulanges).

Poderíamos seguir adiante, na esteira da análise de Wehling, mostrando combinações diversas. Os historiadores mais típicos da Escola dos *Annales*, por exemplo, ao menos os da primeira geração deste movimento historiográfico, teriam combinado o (4) "subjetivismo epistemológico" ao "objetivismo metodológico". Uma espécie de (5) "subjetivismo relativista" pode ser radicalizada na direção daquilo que Arno Wehling chamou de uma "contemporaneização absoluta do pensamento histórico", mas aqui já estaremos adentrando uma outra polêmica que será melhor discutida quando abordarmos, no vol. 5 desta série, "As correntes contemporâneas" e também a "Historiografia Pós-moderna".

Por ora, encerraremos esta questão à altura do esclarecimento de que a ambição de "neutralidade" apresenta muitas facetas – *metodológicas, epistemológicas, ideológicas* – as quais não devem ser confundidas umas com as outras, ainda que possam aparecer combinadas de maneiras diversificadas neste ou naquele historiador.

Finalizaremos o item com uma reflexão sobre a questão que foi levantada pelos Presentistas e Historicistas relativistas deste o início do século XX. A ideia de que "toda História é contemporânea" sofisticou-se com o desenvolvimento da historiografia recente. Com autores como Koselleck (1979) – mas por um viés diverso também Walter Benjamin (1940) – a reflexão sobre a dinâmica das temporalidades foi se refinando, mostrando que a construção historiográfica dá-se em duas vias. Originalmente, a frase "toda história é contemporânea", formulada pela primeira vez por Benedetto Croce, implicava na ideia de que todo presente reconstrói a História, a cada vez, e sucessivamente através dos tempos. Vale dizer, os historiadores de uma época, e cada historiador em particular, reconstroem o Passado. Fazem isso motivados pelas questões de seu tempo, circunstanciados pelo jogo de intersubjetividades no qual se inserem, e que já discutimos anteriormente. Como a História é construída em cada presente e para cada presente, pode-se dizer que efetivamente "toda história é contemporânea". Mesmo a História Antiga ou a Medieval não podem ser senão "contemporâneas" porque são construídas em nosso tempo.

O Presente (cada Presente) reconstrói o Passado. Isso já é mesmo um truísmo, um consenso entre os historiadores contemporâneos. Contudo, a questão se refinou. Havia, além da ideia de que "o Presente constrói o Passado", uma outra, uma antiga ideia, que há muito já se tinha tornado igualmente consensual entre os historiadores. O Presente é uma construção do Passado. Essa ideia tão simples, quando formulada sem uma maior reflexão e sem explorar suas implicações mais ricas, pode querer significar simplesmente que o Presente, que hoje vivemos, é um "produto do Passado". No limite, temos visões lineares de causalidade que hoje estão pouco em voga. Podemos explorar esta frase, no entanto, de uma nova maneira. Podemos recolocar ao lado da frase presentista de que "o Passado é uma constante reconstrução do Presente", a ideia de que também ocorre o contrário: "O Presente é uma constante reconstrução do Passado".

Dizer isso é explorar a implicação de que as "vozes do passado" continuam a atuar no presente. O Passado não produziu o Presente de uma vez por todas: pode parecer surpreendente, mas ocorre que o Passado está sempre retornando ao Presente para transformá-lo, diuturnamente, como uma força viva que atua no Presente. Vamos dar um pequeno exemplo. Depois, no cap. II do vol. 3, veremos outros, quando analisarmos, por exemplo, as *Teses sobre a História* de Walter

Benjamin (1940). Mas neste momento ilustraremos nossa posição com um problema interessante relacionado à História das Ideias. Trataremos da obra de Karl Marx, um autor ao qual voltaremos com maior propriedade no cap. I do vol. 3 (Materialismo Histórico), e também no vol. 4 ("Acordes Historiográficos").

A produção intelectual de Karl Marx é bastante vasta. Mas não é sobre isto que falaremos neste momento, e sim sobre uma pequena peculiaridade. Alguns dos livros de Marx somente foram publicados depois de sua vida. As obras econômicas, como *O capital* (1867), e as obras historiográficas, como *O 18 brumário* (1852), foram publicadas em vida de Marx. Contudo, obras de cunho mais filosófico, e anteriores a esta, somente foram publicadas depois de sua morte. As *Teses sobre Feuerbach* (1845) foram publicadas ainda no século XIX, mas somente depois da morte de Marx e por iniciativa de Friedrich Engels (1888)[111]. Os *Manuscritos econômico-filosóficos*, de 1844, apenas foram editados em 1932, quando também ocorreu a primeira edição integral de *Ideologia Alemã* (1846). Os *Grundrisse*, um conjunto de textos que Marx não pretendia publicar, vieram ao lume editorial em 1939. Desta maneira, podemos ver que as obras de Marx foram recebidas pelos leitores em uma ordem totalmente diversa da ordem cronológica de sua criação por Marx, algumas delas só se tornando conhecidas bem depois da morte

---

111. Friedrich Engels publicou as *Teses sobre Feuerbach*, de Karl Marx – um texto de duas páginas e meia escrito em 1845 – somente quarenta e três anos depois de sua redação original, incluindo-as como apêndice de seu próprio livro *Ludwig Feuerbach e o fim da filosofia clássica alemã* (1888).

dele. O que isto quer dizer? Elas interferiram na história das ideias, e também na história da práxis política, em uma ordem distinta da cronologia de sua produção.

Queremos chamar atenção, todavia, para um aspecto ainda mais singular. Como estas obras de Marx eram desconhecidas do público e de boa parte dos especialistas, até o momento póstumo em que foram publicadas, foi como se Marx tivesse voltado subitamente à vida para dialogar com os materialistas históricos de gerações posteriores, através de livros que então soaram como se fossem inéditos. Mais ainda, quem retornava à vida era o "jovem Marx", o Marx mais voltado para questões filosóficas do que para análises econômicas, mais humanista do que aquele "velho Marx" que já havia se tornado tão bem conhecido através das obras econômicas, políticas e historiográficas. Este Marx voltava do passado (e do próprio passado do "velho Marx") para dialogar através de livros inéditos com novas gerações de marxistas que estavam vivenciando problemas novos, típicos do século XX (inclusive as conquistas e desmandos do Socialismo Real, que à época da publicação dos manuscritos já atravessava a sua fase stalinista). Vejamos o depoimento de Leandro Konder em seu belo livro *O futuro da filosofia da práxis* (1992):

> Ao longo dos anos 50 e 60 do século XX, a "voz" de Marx, através dos *Manuscritos* de 1844, e de *Grundrisse*, interferiu com frequência nos debates dos "marxistas". A publicação dos textos inéditos trazia o pensador do século XIX para o nosso; fazia dele um contemporâneo dos seus discípulos de quarta ou quinta geração. Essa não era, no entanto, a úni-

> ca maneira pela qual o filósofo se fazia presente no campo "marxista". Características meio esquecidas do seu pensamento reapareciam na ideia de alguns "marxistas" mais inquietos e criativos, que não se acomodavam inteiramente nos cânones da doutrina oficial. Por meio deles, verificava-se também, por assim dizer, uma presença indireta de Marx (KONDER, 2006: 88).

O exemplo escolhido mostra como as "vozes do passado" podem atuar no presente, como atores e sujeitos capazes de modificá-lo *atualmente* (e não através de causas que o teriam produzido de uma vez por todas em um longínquo tempo anterior). Este é um dos aspectos mais fascinantes das relações entre as temporalidades: o Passado reconstrói o Presente (não é apenas o Presente que reconstrói o Passado). Uma decisão tomada no Presente, seja por historiadores ou por editores de textos antigos, pode convocar vozes do passado que serão capazes de modificar este mesmo presente.

A Física Relativista e a Teoria Quântica não poderiam oferecer paradoxos mais fascinantes. E muitos outros casos poderiam ser evocados. Na época da Revolução Francesa, por exemplo, os revolucionários evocavam "vozes" da Antiga Roma Imperial; de igual maneira, os espartaquistas – liga revolucionária alemã fundada em 1915 por Rosa Luxemburgo (1871-1919) e Karl Liebknecht (1871-1919) – trouxeram mais uma vez à vida a imagem de Spartacus (109-71 a.C.), grande líder de uma megarrebelião de escravos na Roma Antiga. A Memória, enquanto construção social – um tema ao qual voltaremos oportunamente – pode contribuir igualmente para transformar o próprio presente. Zapata nunca morreu, e se ele abrira o século XX com a Revolução Mexicana de 1910 – que na verdade precede em sete anos a Revolução Bolchevique –, retorna ao final deste mesmo século para liderar imaginariamente os neozapatistas[112]. Este é o sentido da afirmação de que, se o Presente produz o Passado, o Passado também produz o Presente, cotidianamente. Finalizaremos este comentário acerca da ação do Passado sobre o Presente, e vice-versa, com um magnífico texto de Karl Marx, autoexplicativo em relação à demonstração das possibilidades de o Passado ser convocado para vivificar o Presente e para ser revestido de novos sentidos e novas ações. Aqui vemos tanto a menção inicial ao fato de que o Passado constitui o Presente através das próprias determinações que a ele lega através do devir histórico, como também poderemos ler um primoroso comentário mais estendido sobre como o Passado, através da memória das ações humanas que um dia foram perpetradas, pode revivificar novas ações no Presente. Trata-se de uma das mais célebres passagens de *O 18 brumário* (1852):

> Os homens fazem a sua própria história, mas não
> a fazem segundo a sua livre vontade; não a fazem

---

112. Conforme observa Aguirre Rojas (2007: 2), "os índios mexicanos [neozapatistas] insistiram constantemente que sua luta não era somente uma luta pelas suas reivindicações, mas também uma luta da memória contra o esquecimento, o que significa que era também uma tentativa de recuperar e de manter viva a memória de sua própria história, a memória de suas lutas e de suas reivindicações, do passado, do presente e do futuro, que eles, como indígenas, representam, e que a história oficial apagou e ignorou, sistematicamente durante séculos".

sob circunstâncias escolhidas por eles próprios, mas sim nas circunstâncias imediatamente encontradas, legadas e transmitidas pelo passado. A tradição de todas as gerações mortas pesa como um pesadelo sobre o cérebro dos vivos. E mesmo quando estes parecem empenhados em revolucionar-se, a si e às coisas, ou mesmo em criar algo que jamais existiu, é precisamente nesses períodos de crise revolucionária que os homens esconjuram ansiosamente em seu auxílio os espíritos do passado, tomando-lhes emprestado os nomes, suas palavras de ordem de combate e as suas roupagens, a fim de, com esse disfarce de velhice venerável e essa linguagem emprestada, representar uma nova cena da história universal. Assim, Lutero adotou a máscara do Apóstolo Paulo, a Revolução de 1789-1814 vestiu-se alternadamente com a roupagem da república romana e como o Império Romano, e a Revolução de 1848 nada soube fazer de melhor do que parodiar ora 1789, ora a tradição revolucionária de 1793-1795. De maneira idêntica, o principiante que aprende um novo idioma, traduz sempre as palavras deste idioma para a sua língua materna; mas só quando puder manejá-lo sem apelar para o passado e esquecer a sua própria língua no emprego da nova, terá assimilado perfeitamente o espírito desta última e poderá produzir livremente nela.

No exame destes esconjuros dos mortos da história universal mostra-se uma diferença que salta aos olhos. Camile Desmoulins, Danton, Robespierre, Saint-Just, Napoleão, os heróis, tal como os partidos e as massas da velha Revolução Francesa, desempenharam, em trajes romanos e com frases romanas, a tarefa de sua época: libertar das correntes e instaurar a moderna sociedade burguesa. Os primeiros reduziram a pedaços o solo feudal e ceifaram as cabeças feudais que deles tinham brotado. O outro [Napoleão] criou na França as condições sem as quais não seria possível desenvolver a livre concorrência, explorar a propriedade fundiária parcelária, e aplicar as forças produtivas industriais da nação que haviam sido libertadas; da mesma forma que, além das fronteiras da França varreu por toda parte as instituições feudais, na medida em que isto era necessário para dar à sociedade burguesa da França um ambiente adequado aos novos tempos no continente europeu. Uma vez instaurada a nova formação social, desapareceram os colossos antediluvianos, e com eles a Roma ressurrecta – os Brutus, os Gracos, os Publícolas, os tribunos, os senadores e o próprio César. A sociedade burguesa, com seu sóbrio realismo, havia gerado os seus verdadeiros intérpretes e porta-vozes nos Says, Cousins, Royer-Collards, Benjamin Constants e Guizots; os seus efetivos chefes militares sentavam-se agora atrás das mesas de trabalho e o cérebro de toucinho de Luís XVIII era a sua cabeça política (MARX. *O 18 brumário*) [2008: 297-308].

Se o Passado pode ser presentificado de novas maneiras tanto pelas pessoas comuns, na sua vida particular e cotidiana, como pelos atores sociais que impulsionam os grandes acontecimentos, o que não dizer da práxis dos próprios historiadores? Reabrir o Passado através das fontes históricas, e trazer ao Presente vozes que também poderão contribuir para modificá-lo: eis aqui uma parte importante do seu ofício.

4 Relativizando o Relativismo

A consciência progressiva do homem ocidental contemporâneo acerca da historicidade e da relatividade de todo ponto de vista, tão bem observada por Gadamer em *O problema da consciência histórica* (1998: 17), não deve levar os historiadores ao imobilismo. Há "relativismos" e relativismos. Concordar com a posição que reconhece as implicações da relatividade de todo ponto de vista para a História, e com o fato de que a historicidade também atinge radicalmente o próprio historiador, não deve ser pretexto para considerar a historiografia inoperável, ou mera redução ao discurso.

O "relativismo absoluto" – se pudermos utilizar essa paradoxal expressão – pode no limite considerar que no decurso da historiografia só há opiniões, todas válidas, e que estas diversas opiniões e análises que emergem dos trabalhos dos historiadores estão sempre destacadas umas das outras, presas aos seus Presentes e às subjetividades pessoais de cada historiador. Este tipo de relativismo leva de fato a uma inoperância. O relativismo útil, contudo, é aquele que – ainda que considere a relatividade de cada posicionamento historiográfico e análise – reconhece que na Historiografia há algo que se acumula e que contribui dialogicamente para as futuras análises historiográficas.

A Historiografia está repleta de análises sobre eventos históricos específicos que hoje já são descartadas, por terem sido refutadas empiricamente através das fontes ou não terem sobrevivido no plano de logicidade de suas argumentações à luz de novos conceitos e desenvolvimentos das reflexões historiográficas.

Diria o "relativismo absoluto", talvez, que estas posições que indicamos como "descartadas" são tão válidas quanto outras, pois são pontos de vista como os demais. Mas rigorosamente não é assim. Tanto existem as posições e análises historiográficas que vão sendo descartadas ao longo do desenvolvimento da historiografia por falhas irrecuperáveis ao nível empírico-lógico, ou em função de descobertas irrefutáveis, como existem análises interessantes e válidas que vão se acumulando no decorrer da história da historiografia, alimentando outras, abrindo caminhos, permitindo que haja um acúmulo maior de complexidade que permite dizer que a historiografia relativa a certo problema histórico examinado não deixa de progredir de alguma maneira. Não se trata de um "progresso" no sentido iluminista, de verdades irrefutáveis que vão superando outras, mas de um progresso em nível de acúmulo de complexidades, de repertórios de análises, de enriquecimento dos desenvolvimentos conceituais e metodológicos. Não há por que negar este progresso teórico-metodológico – ou, se se quiser, este "enriquecimento teórico-metodológico" que vai de uma maneira ou outra à historiografia à medida que ela recebe mais contribuições pertinentes.

Existem ainda outras questões envolvidas nesta polêmica. Uma coisa são os fatos históricos, as informações colhidas e verificadas por historiadores ao longo do seu paciente trabalho no decurso das várias eras historiográficas. Outra coisa são as análises destes historiadores, mais especificamente aquelas que implicam interpretações. As diversas análises historiográficas podem ou não se ligar cumulativamente. Há, por exemplo, sequências que se formam a partir do diálogo de historiadores com outros historiadores com relação a determinado assunto, e outras sequências igualmente encadeadas que podem se opor às primeiras. E, como já dissemos, podem ocorrer na história da historiografia sequências descartadas, por terem se revelado, por exemplo, ingênuas ou inoperantes.

De todo modo, é preciso distinguir o mero factual, a informação, do "fato histórico" construído pelo historiador. Podemos lembrar aqui as palavras de Walter Benjamin, no final de suas *Teses sobre o conceito de História* (1940)

> O historicismo [Benjamin utiliza esta expressão para confrontar um modo historizante, factual, de trabalhar a história] se contenta em estabelecer um nexo causal entre vários momentos da história. Mas nenhum fato, meramente por ser causa, é só por isso um fato histórico. Ele se transforma em fato histórico postumamente, graças a acontecimentos que podem estar dele separados por milênios. O historiador consciente disto renuncia a desfiar entre os dedos os acontecimentos, como as contas de um rosário. Ele capta a configuração em que sua própria época entrou em contacto com uma época anterior, perfeitamente determinada. Com isso, ele funda um conceito de presente como um "agora" no qual se infiltraram estilhaços do messiânico (BENJAMIN, 2008: 232).

Com relação aos dados e informações colhidos por historiadores no decurso de seu trabalho, uma boa parte destas informações se acumula, sim, passando a constituir um universo utilizável por todos os historiadores à medida que se desenvolve a história da historiografia. Já ficou provado, por exemplo, que a célebre "Carta de Doação de Constantino" não foi de fato um documento produzido na época de Constantino e assinado pelo imperador romano, mas sim uma falsificação medieval oriunda de certo setor eclesiástico. Nenhum historiador hoje trabalharia mais com a informação de que a "Carta de Doação de Constantino" seria um documento romano. A já comprovada informação sobre a falsificação deste documento faz hoje parte do repertório de informações de qualquer historiador da Antiguidade ou da Idade Média (pois é útil ao estudo de ambos os períodos: ao da Antiguidade Romana, para que se saiba que tal documento nunca existiu naquela época; ao período medieval, para que se analise esta falsificação como um fato histórico importante da Idade Média)[113]. Enfim, nenhum historiador afirmará hoje, diante das evidências e comprovações, que pode haver uma

---

113. Já desde a segunda fase do historicismo oitocentista, aliás, tem-se formulado mais claramente a ideia de que o historiador não deve tirar proveito apenas dos documentos cuja procedência foi aprovada pela "crítica de autenticidade". Um "documento falso" é tão importante para um historiador quanto um "documento autêntico", desde que o problema histórico que orienta a pesquisa possa trazer para uma posição de relevância esta "falsificação documental" – aqui considerada como um fato histórico que ocorreu em algum momento. Em um texto de *Historik*, escrito em 1858, Johann Gustav Droysen registra as seguintes palavras: "A comprovação da não autenticidade está completa quando a época, a origem e a finalidade da falsificação são comprovadas; a falsificação verificada dessa forma, se for encarada de uma outra maneira, pode tornar-se um material histórico muito importante" (DROYSEN, 2009: 92).

"opinião" diferente sobre a falsificação da "Carta de Doação de Constantino"[114]. De igual maneira, é mais do que evidente para todos os historiadores atuais o fato de que constituíram mais um caso de falsificação documental os célebres "Protocolos dos Sábios do Sião" (1897), um documento forjado na Rússia czarista e depois reaproveitado pelos ideólogos nazistas para tentar mostrar que existiria uma "conspiração judaico-maçônica para dominar o mundo", justificando assim a perseguição antissemita na Alemanha hitlerista[115].

---

114. A *Carta de Doação de Constantino* havia sido falsificada entre 750 e 850 por monges medievais com o fito tanto de resguardar a Igreja Ocidental nas suas pretensões territoriais, como de fazer dupla frente às reivindicações de liderança cristã da Igreja Bizantina e às pretensões imperiais de Carlos Magno, que no auge do poderio do Império Carolíngio assumira para si a antiga dignidade imperial no Ocidente, e com esta o título de "Imperador dos Romanos". De fato, a Carta de Doação de Constantino registra um (falso) ato através do qual o Imperador Constantino I teria doado ao Papa Silvestre e seus sucessores a primazia sobre a Igreja do Oriente e também o *imperium* – poder imperial sobre o Império Romano do Ocidente. Na extensa história de confrontos entre Papado e Império na Idade Média, o Imperador Ótão III (980-1002) já havia denunciado o documento como uma falsificação, e Dante Alighieri (1265-1321) também mencionara a falsidade do documento na *Divina Comédia* (1307-1321). Mas caberia a Lorenzo Valla demonstrar rigorosamente a falsificação, a partir de argumentação filológica habilmente desdobrada no seu tratado *De falso credito et ementita Constantini donatione declamatio* (1440). Lorenzo Valla demonstra que parte do latim utilizado no texto não poderia ter sido escrita no século IV d.C. Esta crítica a partir do vocabulário de um texto e do estado de desenvolvimento de uma língua constituiu um grande marco para a crítica de autenticidade documental, e a partir daí a análise filológica passou a ter um papel destacado na crítica historiográfica de autenticidade documental.

115. Os *Protocolos dos Sábios do Sião*, texto que descrevia um projeto de conspiração para domínio mundial sob a liderança judaica, foram forjados em 1897 pela *Okhrana* (polícia secreta do Czar Nicolau I). O texto apresenta-se como uma ata que teria sido redigida em um misterioso congresso realizado a portas fechadas, na Basileia, no ano de 1807, no qual um grupo de "sábios" judeus e maçons teriam se reunido em assembleia para planejar um esquema de dominação mundial. Repetidas investigações, já desde a década de 1920, revelaram que o documento era falso; mas isso não impediu que Hitler e o seu serviço de Propaganda citassem mais tarde o documento para seus próprios fins, acrescentando este elemento para justificar as suas ações antissemitas.

Inúmeros fatos, embora não todos, são incontestáveis ao olhar dos historiadores atuais – e com relação a isto não é nada difícil encontrar uma infinidade de exemplos –, embora certamente possam se multiplicar as interpretações historiográficas que encontram sentido para cada um destes fatos, ou que conectam uns fatos a outros para produzir uma determinada maneira de compreender certo processo histórico. Os dinossauros não conviveram com o homem pré-histórico; atenienses e espartanos se confrontaram belicamente, entre 431 e 404 a.C., por ocasião da chamada "Guerra do Peloponeso"; a tomada da Bastilha ocorreu no período da Revolução Francesa; Cristóvão Colombo esteve na América a serviço da Espanha, no início do período moderno; os nazistas torturaram e assassinaram milhões de judeus em campos de concentração durante a Segunda Guerra Mundial; os americanos foram os primeiros a enviar um astronauta para a Lua, em 1969; o World Trade Center foi brutalmente demolido em 11 de setembro de 2001 por um ataque terrorista islâmico que utilizou aviões comerciais sequestrados; e não foram encontradas armas nucleares no Iraque quando este país foi invadido em março de 2003, sob este pretexto, pelas tropas americanas de Georges Bush[116]. Ne-

---

116. O presidente americano George Bush, já ao fim de seu governo, reconheceu em uma entrevista para a *ABC World News* (dezembro de 2008) que "o fato mais lamentável de seu governo foi a informação equivocada de que havia armas de destruição em massa". Para a História, não há mais como negar o fato de que o Iraque não possuía armas nucleares naquele momento, ou que, ao menos, nenhuma arma nuclear foi encontrada pelos americanos. Podem-se formular inúmeras interpretações sobre os acontecimentos que levaram o governo americano a falsear este fato ou a explorar esta informação equivocada, mas o fato de que o Iraque de Saddam Hussein não possuía ogivas nucleares na ocasião da invasão americana será dificilmente questionável um dia.

nhum historiador questionaria atualmente qualquer destes fatos, ou muitos outros, de modo que, nos dias de hoje, eles constituem uma base factual comum, adquirida pela historiografia. Dificilmente esta base de dados factuais será um dia modificada. A não ser que alguma civilização futura, que venha a substituir a nossa, produza a decisão coletiva de "esquecer" um dia estes acontecimentos por considerá-los insignificantes ou então para se proteger, através do recalque, de seus aspectos traumáticos, e a não ser que sistemas políticos sejam bem-sucedidos em manipular a História, o cogumelo atômico que um dia foi produzido pela bomba atômica despejada sobre a cidade de Hiroshima será sempre um dado a ser considerado pelos historiadores.

É claro que, apesar de certos fatos serem praticamente incontestáveis de acordo com a ampla maioria dos historiadores, não constituindo mais objeto de discussão entre eles, nada disso impede, por outro lado, que surjam tentativas esdrúxulas de tentar "provar" que certos acontecimentos não ocorreram, ou mesmo que se efetivem esforços direcionados para falsear a história. Foi assim que Ignácio Olagüe pretendeu mostrar que não teria ocorrido a invasão árabe da Espanha no século VIII (!), em uma obra que chegou mesmo a ter alguma repercussão nas décadas de 1960 e 1970. De igual maneira, Gavin Menzies (2005) tenta mostrar que a descoberta da América deveria ser atribuída ao almirante chinês Zheng He, em 1421 (!). O caso mais surpreendente, porque nitidamente movido por interesses ideológicos de falsear a história para negar crimes contra a humanidade, refere-se possivelmente às teses do chamado "negacionismo do holocausto", algumas das quais pretendendo demonstrar que os campos de concentração alemães nunca existiram e que, concomitantemente, o projeto de extermínio dos judeus não ocorreu[117].

Uma boa parte de elementos históricos factuais, ou melhor, de comprovações confiáveis acerca de elementos factuais, se acumula no sempre crescente repertório factual historiográfico. Além disto, é inegável o florescimento de alguns dos mais eficazes métodos à disposição dos historiadores, seja para coletar dados, seja para analisá-los, assim como é nítida a crescente organização e acesso a fontes as mais diversas, das quais podem ser extraídas evidências, informações e passagens para análise discursiva. Isto tudo permite que os historiadores de hoje lidem inegavelmente com um número maior de materiais e recursos do que todas as gerações que os precederam. Sobre isto, o historiador alemão Reinhart Koselleck expressou-se, em um texto relativamente recente, da forma particularmente exemplar:

> Os historiadores podem se referir ao enorme êxito que a ciência histórica, lentamente constituída desde os inícios da época moderna, alcançou com seus métodos. Em duzentos anos, aprendemos mais sobre o passado da humanidade do que ela antes jamais pudera saber sobre si mesma. É certo que deixamos de conhecer muita coisa, por conta do mau

---

117. As evidências acerca da construção de câmaras de gás em diversos dos campos de concentração alemães são inquestionáveis, mesmo que possam existir trabalhos empenhados em questionar estas evidências, tal como ocorreu com alguns dos autores ligados ao chamado "revisionismo do holocausto".

estado de conservação (ou ausência) das fontes, mas, por outro lado, tivemos acesso a informações que escaparam aos que foram contemporâneos dos acontecimentos. Portanto, de certa maneira, temos mais informação a respeito do passado do que jamais fora possível ter. Uma tal defesa do historiador, baseada na pesquisa empírica, é conclusiva e difícil de contestar (KOSELLECK, 2006: 162)[118].

O acesso e informações relacionadas a acontecimentos históricos, portanto, acumulam-se objetivamente como recursos disponíveis aos historiadores. Claro, poderemos sempre unir fatos diversos de novas maneiras para construir novas interpretações – e isto é uma coisa. Poderemos sempre trazer para a centralidade do interesse histórico elementos factuais que antes eram desprezados, e deslocar para a periferia outros que um dia pareceram dignos de centralidade. A seleção de fatos, ou melhor, a sua constituição, é também um gesto carregado de subjetividades. Mas, de todo modo, não poderemos nunca, como historiadores, deixar de reconhecer uma evidência já comprovada, que não depende de mera interpretação. Podemos discutir análises, posições interpretativas (e, mesmo assim, há já algumas que já não são mais discutíveis, mesmo com todo o reconhecimento da inevitabilidade do relativismo). Não podemos, por outro lado, discutir certos fatos. A origem única da humanidade que hoje

---

118. A passagem foi extraída do ensaio "Ponto de vista, perspectiva e temporalidade: contribuição à apreensão historiográfica da história", que foi incluída no livro *Futuro Passado*, de Reinhart Koselleck (1979).

recobre o planeta foi comprovada através de um sofisticado trabalho de pesquisa coletiva realizado em fins do último milênio a partir de análises do DNA humano; não há mais como alguém sustentar a hipótese de origem múltipla da humanidade atual, argumentando que cada "raça" tem uma origem diversa. O próprio conceito de "raça", por exemplo, foi beneficiado por uma reavaliação antropológica e biogenética que dificulta a sua utilização nos dias de hoje. Não há como ignorar mais nos dias de hoje os resultados desta discussão conceitual para retroceder a um ponto anterior, como se fosse mera "questão de opinião".

Se não há como discutir certos fatos notórios, é claro, haverá sempre o que discutir sobre que fatos escolher, ou, antes, sobre que fatos (notórios ou não) *constituir* através da pesquisa e da narrativa historiográfica. Escolher materiais, definir e nomear fatos, atribuir significância a isto ou aquilo é, como já fizemos notar, um problema de interpretação. A relatividade impera nestes momentos. Mas, isso também é claro, o historiador não pode dizer tudo o que queira, como um ficcionista. Ele trabalhará sempre com uma "intenção de verdade", com o suporte em fontes e evidências que realmente existam, e com as referências a uma realidade qualquer ou ao que se pense ter sido um dia uma realidade vivida (o imaginário, claro, é também aqui uma realidade, desde que tenha sido fixado em vestígios). Em consideração a esta tríade de compromissos – a "intenção de verdade", as "fontes", a "referência a uma realidade" – parece até hoje ter se entretecido o conjunto de realizações historiográficas. Por um bom tempo, ou quem sabe indefinidamente, será possivelmente assim, a não ser que haja uma radical transformação na matriz disciplinar da história. Mas, se isto ocorrer, ainda teremos História, ou teremos outra coisa?

O relativismo existe, enfim. Mas há "relativismos" e "relativismos". A consciência da historicidade tem sido fundamental no homem moderno, e, mais do que a todos, não pode faltar ao historiador contemporâneo. Recair na posição cética é uma decisão e escolha que nem todos precisam seguir. O relativismo que leva ao ceticismo, ou mesmo ao imobilismo, é apenas um tipo específico de relativismo; nada ou pouco tem a ver com o relativismo que, de alguma maneira, tornou-se uma conquista da historiografia de nosso tempo.

Mesmo Paul Veyne – um historiador francês intensamente influenciado pela crítica encaminhada por Michel Foucault contra a habitual noção de verdade – admite um tipo de progresso que o conhecimento historiográfico pode realizar: no caso, o que ele chamou de "enriquecimento de repertórios tópicos" (VEYNE, 1982: 105ss.). No ensaio *Como se escreve a História*, escrito em 1971 – portanto no mesmo ano em que o filósofo polonês Adam Schaff (1913-2006) escrevia o seu ensaio *História e verdade*, e dois anos antes da publicação de *A Meta-História*, por Hayden White (n.1928) – Veyne mostra-se pronto a reconhecer que a história da historiografia, com suas realizações, leva ao enriquecimento dos repertórios de tópicos, à ampliação de perguntas e problemáticas, e à ampliação do universo conceitual – em uma palavra, ocorre gradualmente um enriquecimento da "cultura histórica". O que distinguiria o historiador mais recente do historiador mais antigo, em vista disto, seria uma maior abundância de ideias[119]. A História, em uma palavra, se de fato não "evolui" – uma palavra que já parece ter sido descartada da historiografia predominante em nossos dias –, ao menos se enriquece significativamente à medida que se acumulam as realizações dos historiadores.

---

119. Posição análoga já havia sido sustentada por Benedetto Croce em seu ensaio *Teoria e História da Historiografia* (1968: 53).

Referências

Fontes citadas

ABBT, T. (1776). *Geschichte des menschlichen Geschlecht* [História da Raça Humana]. Halle: [s.e.].

ADAMS, G.B. (1909). "History and the Philosophy of History". *American Historical Review*, n. 14, p. 221-236.

AGOSTINHO (Santo) (2005). "Elevações sobre os Mistérios". *Confissões*. Livro XI. Petrópolis: Vozes [original: 398 d.C.].

ANDERSON, P. (1985). *Teoria, Política e História*: um debate com E.P. Thompson. Madri: Siglo XXI.

ANÔNIMO (1936). *Protocolos dos Sábios do Sião*. Rio de Janeiro: Civilização Brasileira.

ARISTÓTELES (1997). *Política*. Brasília: UnB.

_____ (1993). *Poética*. São Paulo: Ars Poética.

ARNDT, E.M. (1877). *Geist der Zeit* [Espírito do tempo]. Altona: [s.e.] [original: 1807].

BAUER, W. (1921). *Einführung in das Studium des Geschichte*. Tubingen: Mohr.

BEARD, C. (1960). *Written History as an act of Faith*. El Paso: Texas Western.

_____ (1935). "That noble Dream". *The American History Review*, n. 41, p. 74-87 [disponível em http://teachingamericanhistory.org/library/index.asp?document=1427].

_____ (1934). "Written History as an Act of Faith". *American Historical Review*, n. 39, p. 219-229.

BECKER, C. (1935). *Mr. Wells and the New History, Everyman his Own Historian* – Essays on history and Politics. Nova York: F.S. Crofts.

_____ (1932). "Everyman his Own Historian". *The American Historical Review*, n. 2.

BENJAMIN, W. (2008). "Teses sobre o conceito de História". *Walter Benjamin: obras escolhidas* – Magia e técnica; arte e política. São Paulo: Brasiliense, p. 222-231 [original: 1940].

_____ (2006). *Passagens*. Belo Horizonte/São Paulo: UFMG/Imep [originais: 1927-1940].

BERNHEIM, E. (1937). *Introducción al estudio de la Historia*. Barcelona: Labor [original: 1889].

BLANQUI, J.A. (1843). *Histoire de l'économie politique en Europe* (depuis les anciens jusq'a nos jour). 2. ed. Paris: Guillaumin.

BLOCH, M. (2001). *Apologia da História*. Rio de Janeiro: Zahar [original publicado: 1949, póstumo] [original de produção do texto: 1941-1942].

BOAS, F. (2004). *Antropologia cultural*. Rio de Janeiro: Zahar. [organizado por Celso Castro].

BOSSUET, J.B. (s.d.). *Discurso sobre a História Universal*. [s.l.]: [s.e.] [original: 1681].

BOURDEAU, L. (1888). *L'Histoire et les historiens* – Essai critique sur l'Histoire considerée comme science positive. Paris: Alcan.

BRADLEY, F.H. (1968). *The Presuppositions of Critical History*. Chicago: Quadrangle Books [tb. incluído em *Collected Essays*. Tomo I. Oxford: 1935, p. 20ss.].

BRAUDEL, F. (1984). *O Mediterrâneo e o mundo mediterrânico*. São Paulo: Martins Fontes [*La Mediterranée et le monde mediterranée à l'époque de Philippe II*. 3 vol. Paris: A. Colin, 1949] [edição ampliada: 1966].

_____ (1958). "História e Ciências Sociais: a Longa Duração". *Annales* Esc., n. 4, p. 725-753 [republicado em *Escritos sobre a História*. São Paulo: Perspectiva, 1978, p. 41-78] [original do artigo: 1958].

BUCKLE, T. (1857). *History of Civilization in England*. Londres: Ballou.

BURCKHARDT, J. (1978). "Considerações sobre a História Universal". *Gesammelte Werke*. Band III. Basel/Stuttgart: Schwabe [*Reflexões sobre a História*. Rio de Janeiro: Zahar, 1961] [original póstumo: 1905].

BÜSCH, J.G. (1775). *Encyclopädie der Historischen, Philosophischen und Mathematischen Wissenschaften* [Enciclopédia das Ciências Históricas, Filosóficas e Matemáticas]. Hamburgo: [s.e.].

CARLYLE, T. (1993). *On Heroes, Hero-Worship and the Heroic in History*. Los Angeles: California University Press [original: 1843].

_____ (1961). *História da Revolução Francesa*. São Paulo: Melhoramentos.

_____ (1904). *The Works of Thomas Carlyle in Thirty Volumes*. Londres: Chapman and Hall.

CERTEAU, M. (1982). "A Operação Historiográfica". *A escrita da História*. Rio de Janeiro: Forense Universitária, p. 65-119 [original: 1974].

CHAUNU, P. (1974). *Histoire, science sociale*. Paris: Sedes.

CHLADENIUS, J.M. (1988). On the concept of interpretation e On the interpretation of historical books and accounts. In: MUELLER-VOLLMER (org.). *The hermeneutics reader*: Texts of the German tradition from the Enlightenment to the present. Nova York: Continuum, p. 54-71.

_____(1752). *Allgemeine Geschichtswissenschaft* [Ciência Histórica Universal]. Leipzig: Böhlau.

_____ (1742). *Einleitung zur richtigen Auslegung vernunftiger Reden und Schiften* [Introdução para a correta interpretação de discursos e escritos racionais] Leipzig: [s.e.].

CÍCERO, M.T. (1967). *Das leis*. São Paulo: Cultrix [original: 51 a.C.].

COLLINGWOOD, R.G. (2001). *The Principles of History and Other Writings in Philosophy of History*. Oxford: Oxford University Press [inclui: "Lectures of the philosophy of history" (1926) e "Outline a philosophy of history" (1928)].

_____ (1978). *An Autobiography*. Oxford: Oxford University Press [original: 1939].

_____ (1946). *The Idea of History*. Oxford: Oxford University Press [*A ideia de História*. Lisboa: Presença, 2001].

COMTE, A. (1969). *Cours de Philosophie Positive*. Paris: Classique Garnier [originais: 1830-1842].

_____ (1855). *Appel aux Conservateurs*. Paris: [s.e.].

CONDORCET (1966). *Esquisse d'um tableau historique dês progreès de l'esprit huymain*. Paris: Sociales [*Esboço de um quadro histórico dos progressos do espírito humano*. Campinas: Unicamp, 1990] [original: 1793].

COURNOT, A.-A. (1861). *Traité de l'enchainement des idées fundamentales dans les sciences et dans l'Histoire* [Tratado sobre o encadeamento das ideias fundamentais nas ciências e na história]. 2 vol. Paris: Hachette.

CROCE, B. (2007). "Para a interpretação crítica de alguns conceitos do marxismo" (1897). *Materialismo histórico e economia marxista*. São Paulo: Centauro, p. 54-99.

_____ (2006). *A história como história da liberdade*. São Paulo: Topbooks.

_____ (1968). *Theorie et l'Histoire de l'historiographie*. Paris: Droz [original: 1917].

_____ (1962). *A história: pensamento e ação*. Rio de Janeiro: Zahar [original: 1938].

_____ (1921). *History*: Its Theory and practice. Nova York: [s.e.], 1921.

_____ (s.d.). *A História reduzida ao conceito geral de Arte* [s.l.]: [s.e.] [original: 1893].

D'ALAMBERT (s.d.). Discurso Preliminar à Enciclopédia. In: DIDEROT & D'ALAMBERT (orgs.). *L'Enciclopédie du Ditionnaire Raisonée des Sciences des Arts e des Métiers*. Vol. I. Paris: Pergamon [original: 1751].

DARWIN, C. (1980). *A origem das espécies*. São Paulo: Hemus [original: 1859].

DESCARTES, R. (1978). *Princípios de Filosofia*. Lisboa: Guimarães [original: 1644].

_____ (1968). *Discurso sobre o Método*. Rio de Janeiro: Forense [original: 1637].

DIDEROT & D'ALAMBERT (orgs.) (s.d.). *L'Enciclopédie du Ditionnaire Raisonée des Sciences des Arts e des Métiers*. Vol. I. Paris: Pergamon [original: 1751].

DILTHEY, W. (1991). *Introduction to the Human Sciences*. Princeton: Princeton University Press [1° volume da *Introdução ao estudo das Ciências do Espírito*, 1883] [disponível em http://www.marxists.org/reference/subject/philosophy/works/ge/dilthey1.htm] [original: 1883].

_____ (1944). *El mundo histórico*. México: Fondo de Cultura Económica.

DROYSEN, J.G. (1977). *Historik*: Vorlesungen über Enzyklopädie und Methodologie der Geschichte. Stuttgart: Fromann-Holzboog [organizado por Peter Leyh] [*Manual de Teoria da História*. Petrópolis: Vozes, 2009] [original: 1868].

DURKHEIM, É. (1975a). "La sociologie" (1915). *Textes* – I: Elements d'une théorie sociale. Paris: De Minuit.

_____ (1975b). "La philosophie dans les universités alemmandes" (1886). *Textes* – III: Functions sociales et institutions. Paris: De Minuit.

_____ (1970). *La science et l'action*. Paris: PUF.

_____ (1960). *La division sociale du travail*. Paris: PUF.

_____ (1956). *Les regles de La Méthode Sociologique*. Paris: PUF [*Regras do Método Sociológico*. São Paulo: Martins Fontes, 2007] [original: 1895].

_____ (1953). *Montesquieu et Rousseau*: precursseurs de la sociologie. Paris: Rivière.

ELTON, G.R. (1991). *Return to Essentials*. Cambridge: Cambridge University Press.

ENGELS, F. (1977). *Ludwig Feuerbach e o fim da filosofia clássica alemã*. São Paulo: Sociais [original: 1888].

_____ (1962). *Do socialismo utópico ao socialismo científico* [e tb. "Ludwig Feuerbach e o fim da filosofia clássica alemã"]. São Paulo: Fulgor [original: 1880].

ESPINOSA, B. (1992). *Ética*. Lisboa: Relógio D'Água [original: post].

FEBVRE, L. (1989). *Combates pela História*. Lisboa: Presença [*Combats pour l'Histoire*. Paris: A. Colin, 1953].

FERRI, E. (1906). *Socialism and Positive Science* (Darwin – Spencer – Marx). Londres: ILP [original: 1896].

FICHTE, J.W. (1973). "Sobre o conceito da doutrina da ciência ou da assim chamada filosofia". *Os pensadores*. Rio de Janeiro: Abril [original: 1797].

FOUCAULT, M. (2003). *A verdade e as formas jurídicas*. Rio de Janeiro: PUC [original: conferências proferidas em 1973].

_____ (1999). *As palavras e as coisas*. São Paulo: Martins Fontes [original: 1966].

_____ (1996). *A Ordem do Discurso*. São Paulo: Loyola [original: 1970].

_____ (1995). *Arqueologia do saber*. Rio de Janeiro: Forense [original: 1969].

_____ (1985). *Microfísica do poder*. Rio de Janeiro: Graal [original: 1979].

FURET, F. (1971). "O Catecismo Revolucionário". *Annales Esc.*, n. 2 [incluído em Pensando a Revolução Francesa. Rio de Janeiro: Paz e Terra, 1989, p. 99-144] [original da coletânea: 1983].

GADAMER, H.-G. (2008). *Verdade e método*. 9. ed. Petrópolis: Vozes [original: 1960].

_____ (1998). *A consciência histórica*. Rio de Janeiro: FGV [original: 1996].

GATTERER, J.C. (1768). "Abhandlung vom Standort und Gesichtspunct des Geschichtsschreibers oder ter teutsche Livius" [Ensaio sobre a localização geográfica e o ponto de vista do historiador]. *Allgemeine historische Bibliothek.* Halle: [s.e.], tit. V.

GERVINUS, G.G. (1962). "Grundzüg der Historik" [As grandes linhas da História]. In: *Schriften zur Literatur.* Berlim: Erler, p. 49-103 [original: 1837].

_____ (1853). *Einleitung in die Geschichte des neunzehnten Jahrhunderts* [Introdução à História do século XIX]. Leipzig: Erler.

GOTHEIN, E. (1889). *Die Aufgaben der Kulturgeschichte.* Leipzig: Veit & Comp.

HALPHEN, L. (1946). *Introduction à l'Histoire.* Paris: PUF, p. 50.

HARTOG, F. (1986). Les Historiens Grecques. In: BUR-GUIÈRE, A. (org.). *Dictionnaire des Sciences Historiques.* Paris: PUF.

HEGEL, F. (2008a). *A razão na História* – Uma introdução geral à Filosofia da História. São Paulo: Centauro [original: 1837].

_____ (2008b). *Filosofia da História.* Brasília: UnB [original: 1830].

_____ (2007). *Fenomenologia do espírito.* Petrópolis: Vozes [original: 1819].

_____ (1997). *Princípios da Filosofia do Direito*. São Paulo: Martins Fontes [original: 1821].

_____ (1968). *Ciencia de la Lógica*. Buenos Aires: Solar/ Hachette [original: 1812/1816].

HEIDEGGER, M. (2003). *O conceito de Tempo*. Lisboa: Fim de Século [original: 1914].

_____ (1997). *Ser e tempo*. Petrópolis: Vozes [original: 1927].

HERDER, J.G. (1995). *Também uma Filosofia da História para a formação da humanidade*. Lisboa: Antígona, 1995 [original: 1774].

_____ (1969). *Herder on Social and Political Culture* Cambridge: [s.e.] [organização de F.M. Barnard].

_____ (s.d.). *Ideias sobre a filosofia da História da humanidade*. [s.l.]: [s.e.] [originais: 1784 e 1791].

HERÓDOTO (1988). *História*. Brasília: UnB.

HEUSSI, K. (1932). *Der Krisis des Historismus*. Tübingen: [s.e.].

HOBBES, T. (1984). *Leviatã* – Ou Matéria, Forma e Poder de um estado Eclesiástico e Civil. São Paulo: Abril [Coleção Os Pensadores] [original: 1651].

HOBSBAWM, E. (1998). "A volta da narrativa". *Sobre História*. São Paulo: Companhia das Letras, p. 201-206 [original: *Past and Present*, n. 86, 1980].

HUIZINGA, J. (1994). "En torno a la definición del concepto de historia". *El concepto de la Historia y otros ensayos*. México: Fondo de Cultura Económica [original: 1929].

HUMBOLDT, W. (1997a). *Escritos de filosofía de la historia*. Madri: Tecnos.

_____ (1997b). Sobre a organização interna e externa das instituições científicas superiores em Berlim. In: CASPER, G. & HUMBOLDT, W. *Um mundo sem universidades?* Rio de Janeiro: Eduerj.

HUME, D. (2009). *Tratado da natureza humana* – Uma tentativa de introduzir o método experimental de raciocínio nos assuntos morais. São Paulo: Unesp [original: 1739].

_____ (2005). *História natural das religiões*. São Paulo: Unesp [original: 1757; versão original ampliada: 1777].

_____ (1980). *Enquiries Concerning Human Understanding and Concerning the Principles of Morals*. Londres: Oxford University Press [*Ensaio sobre o entendimento humano*. Lisboa: Fundação Calouste Gulbenkien, 1999] [original: 1777].

_____ (1818). *The History of England, from the Invasion of Julius Caesar to the Revolution in 1688*. Londres: [s.e.] [original: 1754-1762].

KANT, I. (2006). *Para a paz perpétua*. Rianxo: Instituto Galego de Estudos de Segurança Internacional e de Paz [original: 1795].

_____ (2005a). *Crítica da faculdade do juízo*. Rio de Janeiro: Forense Universitária [original: 1790].

_____ (2005b). *Antropologia em termos pragmáticos*. São Paulo: Iluminura [*Anthropologie in pragmatischer Hinsicht* – Herausgegeben und eingeleitet von Wolfgang Becker, Nachwort von Hans Ebeling. Stuttgart: [s.e.]: [s.l.], 1983 [original: 1798].

_____ (1993). *O conflito das faculdades*. Lisboa: Ed. 70 [original: 1798].

_____ (1989). *Crítica da razão prática*. Lisboa: Ed. 70 [original: 1788].

_____ (1987). *Crítica da razão pura*. São Paulo: Nova Cultural [original: 1781].

_____ (1986). *Ideia de uma História Universal de um ponto de vista cosmopolita*. São Paulo: Brasiliense [original: 1784].

KOSELLECK, R. (2006). *Futuro Passado* – Contribuição à semântica dos tempos históricos. Rio de Janeiro: Contraponto [original: 1979].

_____ (2000). *Zeitschichten* – Studien zur Historik [Camadas de Tempo – Estudos sobre a História] Frankfurt: M. Suhrkamp.

LABROUSSE, E. (1943). *La crise de l'économie française à la fin d'Ancient Régime et au début de la Revolution*. Paris: PUF.

LACOMBE, P. (1894). *De l'Histoire como science*. Paris: Hachette.

LAMARTINE, A. (1851). *Histoire de La Restauration*. Paris: Pagnerre, Lecou, Furne e co.

LAMPRECHT, K.G. (1905). *What is history?* – Five lectures on the modern science of history. Nova York: Macmillan [original: 1897].

_____ (1900). *Die kulturhistorische Methode*. Berlim: Heyfelder.

_____ (1891-1909). *Deutsche Geschichte*. 12 vols. Berlim: Heyfelder.

LANGLOIS, C.V. & SEIGNOBOS, C. (1944). *Introdução aos Estudos Históricos*. São Paulo: Renascença [original: *Introduction aux Études Historiques*. Paris: Hachette, 1898].

LEIBNIZ (1840). "*De rerum originatione radicali*". *Opera Philosophica*. Berlim: J.E. Erdmann [original: 1697].

LOCKE, J. (1998). *Dois tratados sobre o governo*. São Paulo: Martins Fontes [original: 1689].

LOTZE, R.H. (1864). *Mikrokosmos* – Ideen Zur Naturgeschichte Und Geschichte Der Menschheit. Leipzig: Hirzel.

LUKÁCS, G. (1989). *História e consciência de classe*. Rio de Janeiro: Elfos [original: 1923].

MABILLON, J. (1681-1709). *De re diplomática*. Paris: Charles Robustel.

MABLY (Abade de) (Gabriel Bonnot) (1988). *De l'étude de l'histoire* (1775), *suivi de De la manière d'écrire l'histoire* (1783). Paris: Fayard [originais: 1775 e 1783].

MANZONI, A. (1953). *Opere*. Milão: Bachelli, p. 1.056-1.069.

MAQUIAVEL, N. (2007). *Discursos sobre a Primeira Década de Tito Lívio*. São Paulo: Martins Fontes [original: 1512-1517].

_____ (1998). *O príncipe*. Porto Alegre: LPM [original: 1513].

_____ (1994). *História de Florença*. São Paulo: Musa [original: 1520-1525].

MARROU, H.I. (1974). *Do conhecimento histórico*. Lisboa: Aster.

MARWICK, A. (1989). *The Nature of History*. Londres: Macmillan.

MARX, K. (2008). "O 18 brumário". *A Revolução antes da Revolução* – O 18 brumário, as lutas de Classe na França, e a Guerra Civil na França. São Paulo: Expressão Popular [original de *O 18 brumário*: 1852].

_____ (2004). *A origem do capital*. São Paulo: Centauro [separata de *O capital* – Crítica da Economia Política"] [original: 1867].

_____ (1991). *Manuscritos econômico-filosóficos e outros textos escolhidos*. São Paulo: Nova Cultural [original: 1844].

_____ (1982). *Thèse sur Feuerbach*. Paris: Gallimard [incluído em *Os pensadores*. São Paulo: Abril, 1978) [original: 1845].

_____ (1953). *Grundrisse der Kritik der Politischen Öko-nomie* [Linhas básicas para a Crítica da Economia Política]. Berlim: Dietz [original: 1858].

_____ (1946). *Contribuição à Crítica da Economia Política*. São Paulo: Flama [original: 1859].

_____ (1979). *Le capital.* Paris: Garnier Flammarion [*O capital* – Crítica da Economia Política. Rio de Janeiro: Civilização Brasileira] [original: 1867].

MARX, K. & ENGELS, F. (1988). *Manifesto do Partido Comunista.* Petrópolis: Vozes [original: 1848].

_____ (1984). *Marx e Engels: História* – Textos escolhidos. São Paulo: Ática [organização de Florestan Fernandes].

_____ (1983). *A ideologia alemã.* São Paulo: Hucitec [original: 1946].

_____ (1980). *Marx e Engels: Sociologia* – Textos escolhidos. São Paulo: Ática [organização de Octavio Ianni].

MEINECKE, F. (1982). *El historicismo y su génesis.* México: FCE [original: 1936].

MENZIES, G. (2005). *1421*: el año en que China descubrió América. Madri: Debolsillo.

MEYER, E. (1902). "Zur Theorie und Methodik der Geschichte". *Kleine Schriften.* Halle: Niemeyer.

MICHELET, J. (1995). *A mulher.* São Paulo: Martins Fontes [original: 1844].

_____ (1988). *O povo*. São Paulo: Martins Fontes [original: 1845].

_____ (1974). *A feiticeira*. São Paulo: Círculo do Livro [original: 1862].

MOMMSEN, T. (s.d.). *Römische Geschichte*. 5 vol. [História de Roma]. [s.l.]: [s.e.] [original: 1854-1856].

MONTESQUIEU, C.L. (1996). *O espírito das leis*. São Paulo: Martins Fontes [original: 1748].

NIETZSCHE, F. (1991). "Considerações extemporâneas". *Obras incompletas*. São Paulo: Nova Cultural [seleção de textos de Gérard Lebrun] [originais: 1873-1874].

_____ (1991). *Genealogia da Moral*. São Paulo: Nova Cultural [seleção de textos de Gérard Lebrun] [original: 1887].

_____ (1874). *Sobre a utilidade e desvantagens da História para a vida* [incluído em *Escritos sobre a História*. São Paulo: Loyola, 2005] [original: 1873].

NORA, P. & LE GOFF, J. (orgs.) (1988). *História*: novos problemas, novas abordagens, novos objetos. Rio de Janeiro: Francisco Alves [original: 1974].

OLAGÜE, I. (s.d.). *La Revolución Islámica en Occidente* – El mito de la invasión árabe de España [disponível em http://www.islamyal-andalus.org/nuevo/olague/indice.htm].

PAPENBROECK, D. (1685). *Acta Sanctorum*. Antuerpiae: Michaelem Cnobarum [original: 1675].

PASCAL, B. (1971). *Pensamentos*. São Paulo: Abril [original: 1687].

PERTHES, F. (1872). *Friedrich Perthes Leben*. Gotha: [s.e.] [original: 1815].

PLATÃO (2000). *República*. São Paulo: Nova Cultural [original: entre 380 e 370 a.C.].

PLUTARCO (1991). *Vidas paralelas*. São Paulo: Paumape.

RANDALL Jr., J.H. (1939). "On Understanding the History of Philosophy". *The Journal of Philosophy*, n. 17.

RANKE, L. (2004). *History of the Latin and Teutonic Nations from 1494 to 1514* [História dos povos romanos e teutônicos]. Londres: Kessinger [original: 1824].

_____ (2002). *Englische Geschichte*: Vornehmlich Im Siebzehnten Jahrhundert [História da Inglaterra, especialmente no século XVII]. Berlim: Phaidon [original: 1859-1869].

_____ (1981). *The Secret of World History* – Selected Writings on The Art and Science of History. Nova York: Fordharn University Press [seleção de textos].

_____ (1979). *Pueblos y estados en la historia moderna*. México: Fondo de Cultura Económica.

_____ (1964a). *Aus Werke und Nachblass* – Vol. I: Tagebücher. Berlim: Walther Peter Fuchs.

_____ (1964b). *Tagebücher*. Berlim: Walther Peter Fuchs.

_____ (1957). *Deutsche Geschichte im Zeitalter der Reformation*, 6 Bde [História alemã da Idade da Reforma, seis volumes] Berlim: Phaidon [original: 1839-1847].

_____ (1949). *Das Briefweker*. Berlim: Walther Peter Fuchs.

_____ (1946). *La monarquía española de los siglos XVI y XVII*. México: Leyenda [original: 1827].

_____ (1901). *Die römischen Päpste in den letzten vier Jahrhunderten* [História dos papas, nos quatro últimos séculos]. Londres: Colonial Press [original: Berlim: 1836].

_____ (1879). *Serbien und die Türkei im neunzehnten Jahrhundert* [Sérvia e Turquia no século XIX]. Berlim: [s.e.].

_____ (1878). *Friedrich der Grosse* [Frederico o Grande]. Leipzig: [s.e.].

_____ (1872). "Georg Gottfried Gervinus: Gedächtnisrede von 27-9-1871" [Necrológio para Gervinus]. *Historische Zeitschrift*, 27, p. 134-136.

_____ (1847-1848). *Neun Bücher preussischer Geschichte* [Nove livros de história da Prússia]. Berlim: [s.e.].

_____ (1833). Die grossen Mächte – Historisch-politische. [s.l.]: [s.e.], p. 1-51 ["As grandes potências". In: HOLANDA, S.B. (org.). *Ranke*. São Paulo: Ática, 1979, p. 146-180] [original: 1833].

_____ (1824). *Zur Kritik neuerer Geschichtsschreiber* [Para uma crítica dos historiadores recentes]. Berlim/Leipzig: [s.e.] [tb. incluído em *Sämtliche Werke*, vol. III, Lepzig: 1874].

_____ (s.d.). *Französische Geschichte, vornehmlich im sechzehnten und siebzehnten Jahrhundert* [História da França, especialmente nos séculos XVI e XVII]. Michigan: University of Michigan [original: Berlim: 1852-1861].

RENAN, E. (2004). *Vida de Jesus* [Origens do cristianismo]. São Paulo: Martin Claret [original: 1863].

_____ (1997). O que é uma nação. In: ROUANET, M.H. (org.). *Nacionalidade em questão*. Rio de Janeiro: Uerj [Cadernos da Pós/Letras, 19].

_____ (1890). *L'avenir de la science* [O futuro da ciência]. Paris: Calmman-Lévy.

RICOEUR, P. (2008). *A memória, a história, o esquecimento*. Campinas: Unicamp [original: 2000].

_____ (1983/1985). *Temps et récit*. Paris: Seuil [*Tempo e narrativa*. São Paulo: Papirus, 1994].

_____ (1968). "Objetividade e Subjetividade em História". *História e verdade*. Rio de Janeiro: Forense [tb. incluído em *Histoire et vérité*. Paris: Seuil: 1955].

RICKERT, H. (1961). *Introducción a los problemas de la filosofia de la historia*. Buenos Aires: Nova [original: 1905].

_____ (1922). *Ciencia cultural y ciencia natural*. Madri: Calpe [original: 1899].

ROUSSEAU, J.-J. (1989). *Discurso sobre a origem e os fundamentos da desigualdade entre os homens*. Brasília/São Paulo: UnB/Ática [original: 1750].

SAINT SIMON (1876). "Mémoire sur le Science de l'homme". *Oeuvres*, vol. XI. Paris: Denti, p. 274ss.

SARTRE, J.-P. (1978). *O existencialismo é um humanismo*. Lisboa: Presença, 1978 [original: 1946].

SCHELLING, F.W.J. (1998). *Sistema del Idealismo Trans-cendental*. Barcelona: Antropos [original: 1800].

_____ (1993). *Investigações filosóficas sobre a essência da liberdade humana*. Lisboa: Ed. 70 [original: 1809].

_____ (s.d.). *Philosophy of Revelation* [original: 1858].

SCHILLER, F. (1991). *Escritos de la Filosofía de la Historia*. Murcia: Universidad de Murcia.

_____ (1990). Was heist und zu welchem Ende studiert man Universal geschichte? – Eine akademische Antrittsrede [O que é a história universal e com que finalidade é estudada?]. In: HARDTWIG, W. (org.). *Über das Studium der Geschichte*. Munique: DTV, p. 19-36 [original: 1789].

SCHLEGEL, F. (1964a). "Condorcets Esquisse d'un tableau historique des progrès de l'esprit humain". *Kritische Schriften* [Escritos Críticos]. Munique: W. Rasch, p. 236ss. [original: 1795].

_____ (1964b). "Athenäumsfragment". *Kritische Schriften* [Escritos Críticos]. Munique: W. Rasch [original: 1798].

SCHLEIERMACHER, F.D.E. (1977). *Hermeneutik und Kritik*: mit einem Anhang sprachphilosophischer Texte Schleiermachers. Frankfurt: Suhrkamp.

SCHLÖZER, A.L. (1784). *Vorrede zu Abbé Mably, Von der Art, die Geschichte zu schreiben* [Prefácio ao Abade Mably, a propósito da escrita da história]. Estrasburgo: Dalzmann.

SCHOPENHAUER, A. (2005). *O mundo como vontade de representação*. São Paulo: Unesp [original: 1819].

SCOTT, W. (1972). *Ivanhoé*. São Paulo: Abril [original: 1819].

SEMLER, H.S. (1777). *Versuch einer freiern theologischen Lehrart* [Tentativa de um método mais liberal para o ensino teológico]. Halle: C.H. Hemmerde.

SIMIAND, F. (1960). "Méthode historique et Science Sociale". *Annales Esc.*, n. 1, jan.-fev. [original: *Revue de Synthèse*, 1903].

SIMMEL, G. (1920). *Die probleme der Gechichtsphiloso- phie* – Eine erkentnistheoretische Studie. Munique: Dunker und Humboldt.

SMITH, T.C. (1935). "The Writing of American History in America from 1884 to 1934". *American Historical Review*, n. 40, p. 439-449.

SOREL, G. (1947). *Les illusions du progrés*. Paris: Marcel Rivière [original: 1908].

SPENCER, H. (1862). "First Principles". *The Works of Herbert Spencer*. Londres: Williams & Norgate.

_____ (1857). "Progress: is Law and Cause". *Westminster Review*, vol. 67, abr., p. 445ss.

SPENGLER, O. (1920). *The Decline of the West*. Munique: Beck.

SYBEL, H. (1863). "Über den Stand der neueren deutschen Geschichtsschreibung" (1856) [Sobre o Estado da Moderna Historiografia alemã]. *Kleine historische Schriften*. Munique: [s.e.].

THIERRY, A. (1820). *Lettres sur le histoire de France*. Paris: Le Courrier Français.

TITE-LIVE (1947-1998). *Histoire romaine* [Desde a fundação da cidade]. Paris: Les Belles Lettres.

TROELTSCH, E. (1925). *Der Historismus und seine Überwindung*. Tübingen: J.C.B. Mohr.

_____ (1922). *Der Historismus und seine Probleme*. Tübingen: J.C.B. Mohr.

TUCÍDIDES (1982). *História da Guerra do Peloponeso*. Brasília: UnB.

VALLA, L. (1972). *De falso credito et ementita Constantini donatione declamatio*. Nápoles: Liguori [original: 1440].

VEYNE, P. (1982a). *Como se escreve a História*. Brasília: UnB [original: 1971].

_____ (1982b). "Foucault revoluciona a História" (1978). *Como se escreve a História*. Brasília: UnB, p. 149-198.

VICO, G. (1953). *Scienza Nuova*. Opere: Milão, p. 365-905 [*Ciência Nova*. Rio de Janeiro: Record, 1999] [original: 1725].

VOLTAIRE (2007). *A Filosofia da História*. São Paulo: Martins Fontes.

_____ (1963). *Essai sur les moeurs et le esprit des nations*. Paris: Garnier [original: 1756].

_____ (1957). *Oeuvres historiques*. Paris: Gallimard.

WEBER, M. (2006). *A objetividade do conhecimento nas Ciências Sociais*. São Paulo: Ática [original: 1904].

_____ (2000). *Ciência e política*: duas vocações. São Paulo: Cultrix [original: 1919].

_____ (1999). "Sociologia da Dominação". *Economia e Sociedade*, vol. 2, p. 187-580. Brasília: UnB [original: post, 1925].

_____ (1996). *A ética protestante e o espírito do capitalismo*. São Paulo: Pioneira [original: 1904-1905, complementado em 1920].

_____ (1965). *Essais sur La Theorie de la Science*. Paris: Plon [*Ensaios sobre a Teoria das Ciências Sociais*. São Paulo: Centauro, 2003] [originais: 1904-1917].

WHITE, H. (1972). *A Meta-história* – A imaginação histórica no século XIX. São Paulo: Edusp [original inglês: 1973].

WINDELBAND (1894). *Geschichte und Naturwissenschaft* [*História e Ciência Natural*]. Freiburgo: [s.e.].

Bibliografia citada

ABENSOUR, M. (1986). Walter Benjamin entre mélancolie et révolution – Passages Blanqui. In: WISMANN, H. (org.). *Walter Benjamin et Paris*. Paris: Cerf.

ALBUQUERQUE, J.A.G. (1999). Althusser: a ideologia e as instituições. In: ANDERSON, P. (1999). *As origens da Pós-Modernidade*. Rio de Janeiro: Zahar [original: 1998].

ARENDT, H. (2009a). "A Tradição e a Época Moderna". *Entre o Passado e o Futuro*. São Paulo: Perspectiva, p. 43-68 [original: 1957].

_____ (2009b). "O conceito de História: antigo e moderno". *Entre o Passado e o Futuro*. São Paulo: Perspectiva, 69-126 [original: 1957].

_____ (1974)."Walter Benjamin". *Vies politiques*. Paris: Gallimard.

ARÓSTEGUI, J. (2006). *A pesquisa histórica*: teoria e método. Bauru: Edusc [original: 1995].

ARRIGHI, G. (1996). *O longo século XX*. São Paulo: Unesp.

BACHELARD, G. (1996). *A formação do espírito científico.* Rio de Janeiro: Contraponto [original: 1947].

BARBER, J. (1981). *Soviet historians in Crisis*: 1928-1932. Londres: Macmillan.

BARROS, J. D'Assunção (2005). *O Projeto de Pesquisa em História.* Petrópolis: Vozes.

_____ (2004). *O Campo da História.* Petrópolis: Vozes.

BECKER, C.L. (1959). What are Historical Facts? In: MEYERHOFF, H. (org.). *Philosophy of History of Our Time.* Nova York: Doubleday Anchor.

BELLOTTO, H.L. (2002). *Como fazer análise diplomática e análise tipológica de documento de arquivo.* São Paulo: Arquivo do Estado/Imprensa Oficial do Estado.

BODEI, R. (2001). *A História tem um sentido?* Bauru: Edusc [original: 1997].

BOURDÉ, G. & MARTIN, H. (1983). *Les écoles historiques.* Paris: Seuil.

BOURDIEU, P. (1974). *A economia das trocas simbólicas.* São Paulo: Perspectiva.

BRAUDY, I. (1970). *Narrative Form in History and Fiction.* Princeton: [s.e.].

BURKE, P. (1999). *O Renascimento italiano*: cultura e sociedade na Itália. São Paulo: Nova Alexandria [original: 1972].

BURROW, J.W. (1981). *A liberal descent* – Victorian historians and the English Past. Cambridge: Cambridge University Press.

CASTORIADIS, C. (1982). *A instituição imaginária da sociedade*. Rio de Janeiro: Paz e Terra [original: 1979].

CERTEAU, M. (1980). *L'invention du quotidien*. Paris: Union Générales d'Editions.

CHARTIER, R. (2002). *À Beira da Falésia* – A história entre incertezas e inquietudes. Porto Alegre: UFRGS.

_____ (1994). "A história hoje: dúvidas, desafios, propostas". *Estudos Históricos*, vol. 7, p. 97-113. Rio de Janeiro.

_____ (1990). "Textos, leituras e impressos". *A História Cultural*: entre práticas e representações. Lisboa: Difel, p. 121-139 [original: 1982].

_____ (1988). "Débat sur l'histoire". *Esprit*, n. 7-8, jul.-ago.

COCHRANE, C.N. (1944). *Christianity and Classical Culture*. Nova York: Oxford University Press.

COLLIOT-THÉLÈNE, C. (1995). *Max Weber e a História*. São Paulo: Brasiliense.

DOMINGUES, I. (1996). *O fio e a trama* – Reflexões sobre o tempo em História. Belo Horizonte: UFMG/Iluminuras.

DOSSE, F. (2001). *A História à prova do tempo* – Da história das migalhas ao resgate do sentido. São Paulo: Unesp [original: textos entre 1995 e 1997].

_____ (1987). *L'histoire em miettes*: des Annales à La Nouvelle Historie. Paris: La Découverte [*A História em migalhas*. São Paulo: Ensaio, 1994].

DUCHET, M. (1995). "L'anthropologie de Voltaire". *Anthropologie et Histoire au Siècle des Lumières*. Paris: Albin Michel.

DWORKIN, D. (1997). *Cultural marxism in postwar Britain*. Durham: Duke University Press.

ESCUDIER, A. (2002). Présentation. In: DROYSEN, J.G. *Précis de théorie de l'histoire*. Paris: Du Cerf.

FERNÁNDEZ-ARMESTO, F. (2000). *Verdade*: uma história. Rio de Janeiro: Record [original: 1997].

FERRY, L. (2009). *Kant*: uma leitura das três críticas. Lisboa: Difel [original: 2006].

FONTANA, J. (2004). *A história dos homens*. Bauru: Edusc [original: 2000].

_____ (1992). *La Historia después del fin de La Historia*. Barcelona: Crítica.

FREUND, J. (1970). *Sociologia de Max Weber*. Rio de Janeiro: Forense.

FURET, F. (1991). *A oficina da História*. Lisboa: Gradiva.

GARDINER, P. (1995). *Teorias da História*. Lisboa: Calouste Gulbenkien [original: 1959].

GAY, P. (1990). *O estilo na História*. São Paulo: Companhia das Letras [original: 1974].

GAUCHET, M.A. (1986). Les lettres sur l'histoire de France de Augustin Thierry. In: NORA, P. (org.). *Les lieux de mémoire*. Paris: Gallimard, tit. III, p. 217-316.

GINZBURG, C. (1991). Provas e possibilidades. *A micro-história e outros ensaios*. Lisboa: Difel, p. 179-202.

GOOCH, G.P. (1968). *History and historians in the nineteenth century*. Boston: Beacon Press.

GOSSMAN, L. (2000). *Basel in the age of Burckhardt*: a study of unseasonable ideas. Chicago: University of Chicago Press.

GRONDIN, J. (1991). *Introdução à hermenêutica filosófica*. São Leopoldo: Unisinos.

HARTOG, F. (2003). *Os Antigos, o Passado e o Presente*. Brasília: UnB.

_____ (1998). A arte da narrativa. In: BOUTIER, J. & JULIA, D. (orgs). *Passados recompostos*: campos e canteiros da história. Rio de Janeiro: FGV, p. 193-202.

_____ (1988). *Le XIX siècle et l'histoire*: le cas des Fustel de Coulanges. Paris: PUF.

_____ (1986). Les Historiens Grecques. In: BURGUIÈRE, A. (org.). *Dictionnaire des Sciences Historiques*. Paris: PUF.

HEUSSI, K. (1922). *Die Krisis des Historismus*. Tübingen: [s.e].

HOBSBAWM, E. (2006). *A era dos extremos*. São Paulo: Companhia das Letras.

HUGHES, J. (1987). *La filosofía de la investigación social*. México: Fondo de Cultura Económica.

IGGERS, G.G. (1968). *The German Conception of history*. Middletown: Wesleyan University Press.

KESSEL, E. (1954). "Rankes Idee der Universalhistorie". *Historische Zeitschrift*, vol. 178, out.

KONDER, L. (2006). *O futuro da filosofia da práxis*. Rio de Janeiro: Paz e Terra [original: 1992].

KRIEGER, L. (1977). *Ranke*: the meaning of history. Chicago: Chicago University Press.

LAKS, A. & NESCHKE, A. (orgs.) (1990). *La naissance du paradigme herméneutique*: Schleiermacher, Humboldt, Boeckh, Droysen. Lille: [s.e.].

LAFER, C. (2009). "Da dignidade política – Sobre Hannah Arendt". *Entre o Passado e o Futuro*. São Paulo: Perspectiva, p. 9-27.

LAW, C. (2007). *Compreender Gadamer*. Petrópolis: Vozes.

LE GOFF, J. (1984). Documento/Monumento. In: ROMANO, R. (org.). *Enciclopédia Einaudi* – História e memória. Porto: Imprensa Nacional, p. 95-106 [tb. incluído em LE GOFF, J. *História e memória*. Campinas: Unicamp, 1990, p. 535-549].

LIEBESCHUTZ, H. (1965). *Ranke*. Vol. 26. Londres: George Philip for the Historical Association.

LOPES, M.A. (2003). *Voltaire político* – Espelhos para príncipes de um novo tempo. São Paulo: Imaginário.

_____ (2001). *Voltaire historiador* – Uma introdução ao pensamento histórico na época do Iluminismo. São Paulo: Imaginário

LOSURDO, D. (2009). *Nietzsche* – O rebelde aristocrata. Rio de Janeiro: Revan.

LÖWY, M. (1995). *Ideologias e Ciência Social.* São Paulo: Cortez.

_____ (1994). *As aventuras de Karl Marx contra o Barão de Munchäusen.* São Paulo: Cortez.

LYOTARD, J.-F. (s.d.). *O entusiasmo*: a crítica kantiana da história [original: 1986].

MacLEAN, M.J. (1987). "Johan Gustav Droysen and the development of historical hermeneutics". *History and Theory*, XXI, n. 3, p. 347-365.

MacRAE, D.G. (1977). *As ideias de Max Weber.* São Paulo: Cultrix.

MARCUSE, H. (1960). *Reason and Revolution.* [s.l.]: Beacon Press [*Razão e Revolução* – Hegel e o advento da Teoria Social. Rio de Janeiro: Paz e Terra, 2004].

MARQUES, J.B. (2008). "O conceito de temporalidade e sua aplicação na historiografia antiga". *Revista de História* – USP, n. 58, p. 44-66.

MOMIGLIANO, A. (2004). *As raízes clássicas da Historiografia Moderna.* Bauru: Edusc [original: 1990].

_____ (1983a). *Problèmes d'Historiographie Ancienne et Moderne.* Paris: Gallimard.

_____ (1983b). "A História na idade das ideologias". *Le Débat*, 23, jan., p. 129-146.

MOMMSEN, W.J. (1996). Le transformazioni dell'idea di nazione nella scienza storica tedesca del XIX e XX secolo. In: GERLONI, B. (org.). *Problemi e metodi dellastoriografia tedesca*. Turim: Einaudi.

MONDAINI, M. (s.d.). Gramsci e a "subida ao sótão" da filosofia da práxis [disponível em www.gramsci.org.br].

MUNIZ, D. (2007). *História*: a arte de inventar o passado. Bauru: Edusc.

MUNSLOW, A. (2009). *Desconstruindo a História*. Petrópolis: Vozes [original: 1997].

NIPPEL, W. (2008). *Johann Gustav Droysen*: Ein Leben zwischen Wissenschaft und Politik. Munique: Beck.

NISBET, R. (1985). *História da ideia de progresso*. Brasília: UnB.

_____ (1952). "Conservatism and Sociology". *American Journal of Sociology*, n. LVIII.

NOIRIEL, G. (1996). *Sur la "crise d'histoire"*. Paris: Belin.

OWEN, D. (1994). *Maturity and Modernity*: Nietzsche, Weber, Foucault and the ambivalence of reason. Nova York: Routledge.

PARKER, C. (1990). *The English historical tradition since 1850*. Edimburgo: John Donald.

PARSONS, T. (1971). Value-freedom and objectivity. In: STAMMER, O. (org.). *Max Weber and Sociology Today*. Londres: Harper, p. 34-48.

PEREZ, J.N. (1996). *La Filosofía de la Historia de Wilhelm von Humboldt*. Valencia: Institución Alfons el Magnànim.

PROST, A. (2008). *Doze lições sobre a História*. São Paulo: Autêntica [original: 1996].

REIS, J.C. (2003). "História e Verdade: posições": In: *História e teoria*. Rio de Janeiro: FGV, p. 147-177.

_____ (2000). *Escola dos Annales*: a inovação em História. Rio de Janeiro: Paz e Terra.

REVEL, J. (1996). Microanálise e construção do social. In: REVEL, J. (org.). *Jogos de escalas*: a experiência da microanálise. Rio de Janeiro: FGV, p. 15-38.

RINGER, F. (2004). *Metodologia de Max Weber*: unificação das ciências culturais e sociais. São Paulo: Edusp.

ROJAS, C.A.A. (2007). *Antimanual do mau historiador*. Londrina: UEL [original: 2002].

_____ (2000). *Os Annales e a Historiografia francesa*. Maringá: UEM.

RUSEN, J. (2001). "Partidarismo e objetividade – As potencialidades racionais da ciência da história". *Razão Histórica*. Brasília: UnB [original: 1983].

_____ (1996). "Narratividade e Objetividade". *Textos de História*, vol. 4, n. 1, p. 75-102. Brasília: UnB.

SEARLE, J. (1990). *Mentes, cérebros y ciencia*. Madri: Cátedra.

SCHAFF, A. (1978). *Verdade e história*. São Paulo: Martins Fontes [original: 1971].

SOUTHARD, R. (1995). *Droysen and the Prussian school of history*. Lexington: The University Press of Kentucky.

STONE, L. (1992). "Dry Heat, Cool Reason: Historians under Siege in England and France". *Times Literary Supplement*, 31/01.

SUTER, J.-F. (1960). *Philosophie et histoire chez W. Dilthey*: essai sur le problème de l'historicisme. Bale: Becht.

THOMPSON, J.W. (1967). *A History of Historical Writing*. Nova York: MacMillan.

TODOROV, T. (2003). *As estruturas narrativas*. São Paulo: Perspectiva [original: 1970].

VERÓN, E. (1980). *A produção do sentido*. São Paulo: Cultrix.

VON LAUE, T. (1950). *Leopold Ranke*: the formative years. Princeton: Princeton University Press.

WHELING, A. (1973). "Em torno de Ranke: a questão da objetividade histórica". *Revista de História*, vol. XL, VI, n. 93, p. 177-200. São Paulo.

WINCH, P. (1972). *La Idea de una ciência social*. Buenos Aires: Amorrortu.

ZUMTHOR, P. (1990). *A letra e a voz*. São Paulo: Companhia das Letras [original: 1987].

Índice onomástico

Abbt, T. 116

Acton (lorde) 143

Arantes, G. 30

Arendt, H. 17, 45s.

Arrighi, G. 22

Bacon, F. 88

Beard, A. 134, 154, 169-172

Becker, C. 169, 174s.

Benjamin, W. 92-94, 179, 181

Bernheim, E. 141s.

Blanqui, A. 94

Bloch, M. 20, 154

Boas, F. 155

Bonaparte, N. 90

Bossuet, J.-B. 119

Bradley, F.H. 153

Buckle, H.T. 97-100

Burton, A.G. 170

Büsch 116

Carr, E. 167

Certeau, M. 58, 60

Chaunu, P. 21

Chladenius, J.M. 111-118

Collingwood, R.G. 169

Comte, A. 86, 91-93, 103s.

Condorcet 86

Constantino 190s.

Coulanges, F. 101, 178

Croce, B. 143, 153, 179

Darwin, C. 160

Dilthey, W. 117, 137, 144, 146s.

Droysen, J.G. 62, 67, 117, 137-140

Durkheim, É. 95, 103s.

Elton, G.R. 105

Engels, F. 181

Febvre, L. 20, 63, 137, 153s.

Feuerbach, L. 181

Fontana, J. 93

Foucault, M. 12, 21, 156, 197

Füssmann, K. 162s., 165, 172

Gadamer, H.-G. 137, 155s.

Gatterer, J.C. 116

Gervinus, G.G. 146

Halphen, L. 102s., 140

Hartog, F. 31, 37

Hegel, F. 17, 84s.

Heidegger, M. 155

Herder, J.G. 65, 82s., 111, 125

Heródoto 29, 31-35, 37

Hobbes, T. 48s.

Hobsbawm, E. 22

Humboldt, W. 52, 135

Hume, D. 55, 75

Kant, I. 48, 50, 53, 77-81, 123

Koselleck, R. 16, 39, 44, 47, 50, 116, 137, 175

Labrousse, E. 22

Langlois, C.V. 103, 141

Liebknecht, K. 183

Lívio, T. 41

Locke, J. 48

Lotze, R.H. 94

Lukács, G. 151, 161

Luxemburgo, R. 183

Mabillon, J. 18, 122

Mably, G.B. 17s.

Mannheim, K. 151

Maquiavel, N. 48, 51

Marcuse, H. 92

Marwick, A. 105

Marx, K. 49, 55, 88, 159s., 171, 181-184

Meinecke, F. 51, 134

Meyer, E. 154

Michelet, J. 166

Mommsen, W. 136

Montesquieu, C. 55

Momigliano, A. 37

Munslow, A. 105

Niebuhr, B.G. 117, 138

Nietzsche, F. 50, 94, 156

Perthes, F. 125

Platão 46, 48

Randall, J.H. 154

Ranke, L. 102, 105, 117, 127, 129, 136-138, 169, 172

Renan, J.E. 97, 101

Rickert, H. 158

Ricoeur, P. 59, 67, 137, 174

Rousseau, J.-J. 94

Rüsen, J.H. 43, 45, 49-51, 162-166, 172

Sartre, J.-P. 33

Savigny, K. 135

Scott, W. 18

Seignobos, C. 103, 141

Semler, J.S. 119-12

Schaff, A. 67, 172, 197

Schleiermacher, F. 155

Schlözer, A.L. 116

Smith, T.C. 170

Spartacus 183

Spencer, H. 160

Sybel, H. 146, 176-178

Taine, H.-A. 97, 100s.

Thierry, A. 23, 51

Treitschke, H. 176-178

Troeltsch, E. 150s.

Tucídides 40, 112

Turner, F.J. 143

Veloso, C. 30

Verón, E. 59

Veyne, P. 20, 58, 197

Vico, G. 38, 65, 82, 111

Voltaire 55, 76s., 81

Wade, J. 166

Weber, M. 151, 158s.

White, H. 106, 197

Windelband, W. 148

Índice remissivo

Aceleração do Tempo 124s.

Breve século XX 22

Campo da Experiência 39

Colecionismo 18

Compreensão/Explicação 147

Consciência histórica 144, 155s.

Contemporaneidade da História 179

Declaração de Direitos do Homem 89

Documento falso 190

Escola de Baden 148

Escola de Direito Alemã 135

Escola Histórica Alemã 108

Escolástica 87

Escrita da História 55

Estados Nacionais 107

Eurocentrismo 89

Evolução 160

Fato histórico 139, 166-168

Filosofias da História 56, 61

Fonte Histórica 55s., 61

Hermenêutica 123, 128

História/Poesia 32s.

História (origem da palavra) 33s.

História do Movimento Operário 166

História do Tempo Presente 112

História dos Grupos Subalternos 166

Historiador 55

Historicismo 107, 109-111

Historicista (Paradigma) 133

Iluminismo 88s., 92

Iluministas 54

Matriz Disciplinar da História 58

Metódica (Escola) 101

Método 52s.

Neutralidade historiográfica 149s., 164

Objetividade/Subjetividade 64

Objeto historiográfico 110

Operação historiográfica 60

Ordem e Progresso 95

Paradigmas (combinações de) 158, 160

Particularidade 162

Particularismo 110

Perspectividade 162

Positivismo 73-106

Positivismo/Historicismo 26, 64-71

Presentismo 153s.

Progresso 41-93

Progresso tecnológico 93

Relativismo 112-120, 153-156, 187-190

Revolução Francesa 93

Seletividade 162, 165s.

Subjetividade 160-168

Sturm und Drang 117

Sublunar 35

Supralunar 35

Conecte-se conosco:

f facebook.com/editoravozes

◉ @editoravozes

𝕏 @editora_vozes

▶ youtube.com/editoravozes

◉ +55 24 2233-9033

www.vozes.com.br

Conheça nossas lojas:

www.livrariavozes.com.br

Belo Horizonte – Brasília – Campinas – Cuiabá – Curitiba
Fortaleza – Juiz de Fora – Petrópolis – Recife – São Paulo

  Vozes de Bolso

EDITORA VOZES LTDA.
Rua Frei Luís, 100 – Centro – Cep 25689-900 – Petrópolis, RJ
Tel.: (24) 2233-9000 – E-mail: vendas@vozes.com.br